はじめてでも
書ける!

ブックライティング実践講座

西田かおり
遠藤 美華

企画・執筆・出版を
成功させる最短ルート

つた書房

はじめに

本一冊の執筆に、どのくらいの時間を要するかご存知ですか。企画内容やページ数・文字数、素材やデータの扱いかた、それぞれの執筆の速度にもよりますが、早くて1ヵ月程度、様々な要因が重なると平気で1年くらいの時間はかかります。私たちは本の執筆のお手伝いをしていますが、著者へのヒアリングと資料収集に約1ヵ月、執筆と推敲に1ヵ月程度、少なく見積もっても本一冊の執筆につき計2ヵ月程度の時間を見込んでスケジュールを組むようにしています。

集中力を要する執筆作業は、孤独を感じやすいです。必然的に人との関わりが減少しますし、自問自答するような時間も増えます。執筆中は原稿の出来不出来をフィードバックしてもらえる相手もいませんから、進捗に不安を感じるケースも少なくありません。その上、原稿の納期限が切られますから、本当に締め切りに間に合うのかどうかも気になります。結果、「出版が決まった」「ブックライターとして依頼がきた」といった喜びや感激も束の間、本の原稿を書くことが決まった瞬間から、締め切りに追われるようにしてひたすら原稿執筆に取り組むことになるわけです。

フリーランスのライターになって私たちが目標にしていたのが、本を書けるライターになることでした。そんな私たちのライター歴も、早いもので10年を越え、ご縁があって本の原稿執筆の依頼をいただけるようになりました。初めての執筆に伴う不安といったら、今思い出してもこの上ないものですが、わからないことは率直に編集者に訊ねて教えていただき、先輩ライターの話も参考にしながら、必死に執筆をした日々は忘れられません。

本書は、読者の悩みや課題解決を助けるようなビジネス書や実用書の書きかたに特化しています。著者やブックライターが心得ておくべき点を踏まえ、書き出す前の準備と執筆の手順、推敲、入稿までを解説しました。執筆にはたしかに相当な時間と労力がかかりますが、素材集めと原稿の構成づくりなどの過程を理解してのスケジュール管理がうまくできると、右往左往することなく原稿を書き上げることができます。

初めて本の原稿を執筆したときに、当時の私たちが知りたかったことをそのまま本書に収めました。私たちがこれまで本の原稿の執筆をした経験をふんだんに盛り込んでいるのも本書の特徴です。

本書をそばに置いていただくことで、執筆の孤独感から解放されて爆速で筆が進むことを願っています。この本が原稿執筆の助けとなりましたら幸いです。

Chapter **01**

本を書く前に知っておきたいこと

01 本の著者になるってどういうこと？ …… 12

02 これから出版する本は、どんな本になる？ …… 18

03 ブログが書ければ、本を書くのは余裕？ …… 24

04 執筆は任せることもできる …… 29

05 本づくりに関わる人たちと役割 …… 37

06 執筆開始後の生活はどう変わるか？ …… 45

Chapter **02**

著者が知っておきたい本づくりの基礎知識

01 本を書く流れとスケジュール……52
02 本の素材集め……62
03 目次・プロットをつくる……67
04 原稿を執筆する……74
05 推敲と校正をする……80

Chapter 03

原稿の素材の集めかた

01 読者を満足させる素材を集めるコツ …… 86
02 素材集めは人の力を借りていい …… 96
03 実用書は再現性を重視しよう …… 103
04 類書はどこまで参考にできる? …… 111
05 自分の主張に説得力を持たせるコツ …… 115
06 ライターからインタビューを受ける場合 …… 118

Chapter 04

目次とプロットをつくろう

01 何もないところから目次をつくるコツは …… 128

02 集めた素材を整理し目次にはめていこう …… 139

03 プロットの中身をつくり込もう …… 151

04 プロットに読者の感情を書き込んでおこう …… 158

05 完成したプロットを確認しよう …… 163

06 プロットシートの使いかた …… 168

Chapter **05**

原稿を書いていこう

01 原稿は書けるときに、力尽きるまで書く …… 172
02 本の原稿を書く上で気をつけたいこと …… 180
03 読みやすい文章、わかりやすい文章、おもしろい文章 …… 187
04 見出しの書きかたを工夫しよう …… 202
05 図のある原稿の書きかた …… 209
06 生成ＡＩは使ってもいい？ …… 223
07 まえがきとあとがきの書きかたは？ …… 227

Chapter **06**

推敲と校正、本が出るまで

01 書いた原稿を推敲しよう …… 232
02 原稿を納品しよう …… 239
03 校正でやることと心構えについて …… 241
04 著者プロフィールと特典ページの書きかた …… 247
05 本のタイトルと表紙は、いつ、誰が決める？ …… 250
06 ＳＮＳの発信は、どこまで許される？ …… 252

本書内で紹介している

プロットシート

は以下URL（もしくはQR）より
ダウンロード可能です。

https://forms.gle/
1LVNVc4FsH2Zg2h99

おまけ特典

プロットシートをダウンロードしてくださった読者のみなさまに、さらに特典をご用意しました！

その1：著者が知っておきたい出版用語

その2：著者ヒアリングを成功させるためのコツ（ライターの方向け）

※特典の内容は予告なく変更になることがあります。
※プロットシートは出版社各社に共通するものではありません。

Chapter 01

本を書く前に知っておきたいこと

01 本の著者になるってどういうこと？

誰かの人生に影響を与える人になる

誰にでも、自分の人生に影響を与えた一冊や感動した一冊があると思います。
本の著者になるということは、あなた自身が誰かから影響を与える人だと思われるようになるということです。

「本を読んで、その通りに実践したら契約が取れるようになりました」
「ずっと迷っていましたが、本を読んで背中を押されました」

読者からこんなふうに言われたら、嬉しいですよね。これまで本づくりをお手伝いしてきた中で、著者になった人からこのような嬉しい話を何度も聞かせてもらっています。

出版前後の変化に関するエピソードは著者によってそれぞれ異なりますが、どなたも「周りからの扱われかたが大きく変わった」といいます。具体的には、以前に増してビジネスの話が舞い込むようになったり、いい条件で商談がまとまるようになったり、専門家として連載や講演の依頼が舞い込むようになったりという具合です。

では、なぜそのようなことが起こるのでしょうか。

それは、著者になることでその分野の専門家として認知されるようになるからです。例えば、なにか知りたいことがあって書店で本を買うとき、どんなふうに本を買うでしょうか。特に買う本が決まっていない場合は、すでにその分野で著名になっている人が書いた本を買うか、自分の求めていることがタイトルになっている本を買うことが多いのではないでしょうか。

知りたいことを求めて手に取った本は、その人にとっての教科書です。もし、本を読んだことがきっかけで、悩みが解決したり人生が好転したりしたら、あなたは知らず知らずのうちに「恩人」と思ってもらえるようになります。

出版後から急に「○○先生」と呼ばれるようになるのはそれが理由です。たとえ本がベストセラーにならなくても（もちろん、ベストセラーになるのがいいに決まっていますが）、あなたは周りから「先生」と呼ばれるようになるのです。

いい本、わるい本とはどんな本のこと？

よく「あの本はいい本だった」とか「あの人の本はよくなかったね」などと評されます。普段何気なく使っている言葉ですが、いったいいい本の良し悪しは何で決まるのでしょうか。これには様々な意見がありますが、私たちは読者の期待に応えられたか否かが判断基準になると考えています。

例えば、仕事のために資格を取得したいビジネスパーソンが「これ一冊で合格できる」と書かれたタイトルの本を手に取ったとします。本のタイトルに書かれていることを信じ、内容の通りに勉強を進めているうちに、書かれている内容が違っていたり情報が古いことがわかったりすると、当然ガッカリします。他にも、「一冊でいい」と書いてある割に、他の本を買わなければ学べないような仕組みになっていたり、どう考えても一冊では足りない情報量だったりした場合も、同じように購入したことを後悔するはずです。きっとあなたにも、過去に買って後悔した本があると思います。

一方で、自分の期待を超える素晴らしい本に出会うこともあります。

単にタイトルで約束された内容が書かれているだけでなく、つまずきやすいポイントについて丁寧に解説がされるなど、読者の希望を叶えるために寄り添ってくれている本は、読んで満足するだけでなく他の人に勧めたくなります。

要するにいい本とは、読者自身が内容に満足することはもちろん、読者自身の次の行動に繋がったり、誰かに勧めたくなったりする本のことをいうと考えていいでしょう。

世の中にはいろいろな人がいますから、ある人にとっては「いい本」でも、別のある人には「わるい本」になることはあります。ですから、考えてもキリがないと言えばその通りですが、できることなら自分の本は「いい本」だと評価されたいものです。

そのためには、一世一代の大勝負くらいの覚悟で取り組むのがちょうどいいです。というのも、一度本が世の中に出回ってしまえば、それらをすべて回収するなど不可能だからです。仮に手を抜いて適当な本を出版してしまったら、当然その評価は悪いものになります。そしてあなたはその本の著者として、認知されてしまうことになるのです。脅したいわけではありませんが、そんな失態を犯さないためにも、気合いを入れ、読者の期待を超えるような本を書きましょう。

いい本にするために守りたい三つのこと

いい本にするために、最低限守りたいことが三つあります。それは、読者の求めることに寄り添った内容にすること。自分で責任が持てる内容を書くこと。それから誰かを傷つけるような内容を書かないことです。

まず、読者の求めることに寄り添った内容にすること。これは、先ほどもお伝えしたように読者と約束したことを守ることが鉄則です。例えば「読むだけでわかる」と約束したなら、本を読むだけできちんと理解できるように解説していなければなりません。想定する読者が初心者なら、初心者がつまづきやすいところをしっかりカバーすることが大切です。

次に、自分で責任が持てる内容を書くことというのは、本の中で紹介するノウハウや事例は、すべて著者であるあなた自身が実践し、効果を確認したものでなければならないということです。「聞いた話」や「おそらくこうだろう」という推測で内容を埋めることは、読者への裏切りになってしまいます。

最後に、書籍の内容が誰かを傷つけるものでないかについても配慮しましょう。ビジネス書でよくある失敗例の紹介や、特定のノウハウや手法の批判を行う際も、個人や企業が特定される書きかたは避けなければなりません。また、性別や年齢、職業などによって不当な偏見を助長するような表現も使わないようにしましょう。

02

これから出版する本は、どんな本になる？

本の種類やジャンルから自分が書く本をイメージしよう

どんな業界でも、どんなことでも、何かを始める前には計画書や設計図がつくられるものです。例えば家を建てる場合も、「家を建てたい」という気持ちや意気込みだけでは、一体どんなものをつくればいいのかわからず、手を動かすことができません。誰が住むのか、どんなライフスタイルなのか、どんなインテリアが好みなのかなどの打ち合わせを重ね、条件に合わせて最適なプランを考えていくはずです。

本を書く場合も同様です。「よし、本を書くぞ」といくら意気込んでも、どんな本を書けばいいのか、何から手をつければいいのかがわからなければ、すぐに手が止まってしまうでしょう。そんなときには出版企画書が頼りになるのですが、特に初めて本を書く人ならおそらく、企画書を読んでも完成をイメージするのが難しいと思います。そこで、完成をイメージするために心強いヒントになってくれるのが類書の存在です。

例えばビジネス書とひと括りにいっても、目的によって様々な切り口の本が存在します。例えば、マインドを伝える本や、知識をわかりやすく解説した本、何かしらの課題を解決するための本、実務に役立つ本などがあります。ですから、「ビジネス書」や「恋愛本」「子育て本」のようなアバウトさではなく、自分の企画の切り口を意識して類書を探してみましょう。

類書から、編集者の意図を理解しよう

おそらく出版企画書には、類書に関する情報が書かれていると思います。類書を一言で表すなら「ライバル本」です。出版企画書には、どのような本が出来上がるのかをイメージさせるために類書について書いておくのが通例です。

ですから、この企画を立てた編集者がどんな本を想定しているかをきちんと理解す

るためにも、まずは類書に目を通しておきましょう。
類書を読む際は、普段の読書と同じ調子で読まずに、執筆の参考になる要素を考えながら読みます。私がいつも意識しているポイントはこうです。

●どのような背景を持つ著者が、どんな読者に向けて何を書いているか

類書を手に取ったら、「誰が、どのような読者に向けて書いている本か」を予想してみます。ここでいう「誰」は著者ですので、まずは著者がどのような立場で書いているかを確認してみてください。例えば、その道のプロフェッショナルであることを証明するのに十分な経歴があり、専門家という立場でテーマについて語っているのか、あるいは比較的読者に近い立場で方法論や攻略法を語っているのかということです。

過去に子どもの英語学習に関する本をいくつか購入したことがあるのですが、私がいつも気になる本は「英語が話せない普通のお母さん」が、「ごく普通の家庭の中でどのように英語に触れさせ、習得させるか」について書いたものばかりでした。もし私が英語を得意としていたら、「英語が話せない普通のお母さん」の話には興味を持たな

かったでしょう。おそらく、そのような本に頼らずに最初から英語の絵本を手に取っていたと思います。また、「ごく普通の家庭」であることも大事でした。もしも、著者であるお母さんに留学経験があったり、子どもをインターナショナルスクールに入れていたり、夫がネイティブスピーカーだったとしたら、「この人とは背景が違うから、参考にならないな」と共感しなかったでしょう。

つまり何が言いたいかというと、読者は本を購入する際にかならず著者の背景を気にしているということです。著者がどのような背景を持ち合わせているかを確認すれば、著者である自分にどんなことが求められているかがわかるようになります。

著者の背景を確認すると同時に、どのような人を読者として想定し書かれているかも考えましょう。先ほど英語の本の例なら、想定する読者は「英語が話せない、もしくは苦手」な「ごく普通の家庭のお母さん」となります。ごく普通の家庭のお母さんが読者ですから、高額な英語教材を購入するような話や、塾に入れるような話は刺さりません。むしろ、家計に大きなダメージを与えずに習得できるような方法を紹介したほうが受け入れてもらえます。

●伝えかたにどんな工夫があるか

どのような読者に向けて書かれているかを考えたら、言葉づかいや表現方法にも注目し、伝えかたにどんな工夫があるかも意識してみましょう。先ほどの話と同じように、こちらも読者に合わせたものになっているはずです。

登場する専門用語を一つずつ解説するような気配りが欲しいのか、専門用語はすでに知っていると考えて話を進めるのか。また、文章ばかりではなく図解やイラストを多用して易しく理解できるようなつくりになっているかなど、つくり手が意識したことを推理してみるのです。

●読み終えた読者は、どういう気持ちになるか

類書を読むことで、読者が読後にどのような感情を抱くかについても考えてみてください。再び英語学習の話題で恐縮ですが、先ほどの本を読んだ読者がすぐに本に書いてあることを行動に移したくなっているのか、あるいは「いい本を読んだな」と思

うだけで終わってしまうのか。実際にあなたが読んでみて、率直に何を感じたかを覚えておきましょう。そして、なぜそう思ったのかを考えてみてください。

いちいち調べなくてもわかりやすい説明が添えられていた、イラストが豊富でスッと頭に入った、自分の気持ちに寄り添ってくれているような気がした、ずっと知りたかったことがわかった等、あなたが感じたことはなんでも書き留めておいてください。あなたが類書からすくい挙げた要素がその本の魅力ですから、参考にしつつ、それ以上に魅力的なものが書けるようにしていきましょう。

類書として挙がっている本は、編集者が適当に選んだわけではありません。これからつくる本の想定する読者が一致していたり、著者が似たような背景を持っていたり、仕上がりのイメージが近かったりと、それなりに理由があります。

この時点では「こんな感じかな」「多分こうかな」とぼんやりしたもので構いませんから、自分がこれから書く本についてのイメージを描いておきましょう。

03

ブログが書ければ、本を書くのは余裕？

ブログとは、まったく違う！

ブログを書いている人なら、本の原稿も楽に書けるという人がいますが、本当にそうでしょうか。確かに、見ず知らずの誰かに向けて文章で伝えるという点は共通していますが、ブログを書くことと本の原稿を書くことは似て非なるものです。

実際、前述のように気合いを入れて書き始めた人から、2章あたりで力尽き「助けて」「もう書けません」と相談されるケースは少なくありません。ブログを書くような気持ちで最後まで書きあげたものの、編集者から書き直してくださいと言われ、泣く泣く最初から書き直す人もいます。

ブログは、その日ごとにテーマの異なる記事を投稿しても構いませんが、本の原稿だとそうはいきません。詳しくは後で書きますが、一般的なビジネス書だと最低でも約8万字は必要です。8万字がどのくらいのボリュームなのかピンとこない場合は、子どもの頃によく使っていた400字詰め原稿用紙で考えてみてください。400字詰め原稿用紙に換算すると200枚分の文章を書くことになります。

また、その日の気分で自分の好きなようにトピックを立てられるブログとは違って、本の原稿では最初から最後までストーリーが繋がっていなければなりません。例えるなら、連続ドラマのように短いストーリーが続いていき、一つの大きなテーマに対するメッセージを伝えるというイメージでしょうか。実用書やビジネス書の多くは、読者の課題もしくは欲求を解決するタイトルになっていますから、一冊読むと本のタイトルに書いてあることが理解できるようにシナリオを組み立ててから書き進めていかなければなりません。

ブログが習慣になっていることで、文章を書くことに対するアレルギーがないのはとてもいいことですが、だから本の原稿も楽に書けるわけではないと理解しておくと、

「こんなはずじゃなかった」と落ち込むことが少なくなります。

自分本位ではなく、読者本位で書く

自分の言いたいことや書きたいことを書くのがブログだとすると、本の原稿は読者が知りたいことを書くという違いがあります。出版業界ではこのことを「読者視点」あるいは「読者本位」と言ったりしますが、読者本位とはどういうことでしょうか。

読者本位に書く場合、とことん読者の立場になって話を展開していくことになります。例えば、AI（人工知能）技術ベンダーであるOpenAIが開発したChatGPTというチャットbot型AIサービスの使いかたを初心者向けに書くなら、そもそもChatGPTとは何かという説明から、アカウント開設の方法なども、一から順を追って説明していかなければなりません。その過程で初心者がつまずきそうな箇所には補足を入れ、本のタイトルで約束したことが実現できるようにサポートしていくのです。

「そうそう、これが知りたかった」や「なるほど、そういうことだったのか」と読者の疑問を解消しながら話を進めていくのが、読者本位で書くということです。

本の中で自分の成功体験などを語るのはもちろんいいですが、その内容が読者の知りたいことであるのが重要ですし、読者も同じような体験ができるように情報が書かれていることが大切です。

特にクラフト系の本や料理本は要注意です。ざっくりとした工程を載せるのではなく、確実に同じものができるように必要な工程や注意事項を省くことなく載せなければなりません。

国語が得意かどうかは関係ない

「国語が苦手だったのですが、それでも書けますか？」と言われることもありますが、国語の成績はあまり関係ありません。というのも、実用書では様々な読者が見ることを前提としますから、誰でも理解できることのほうが重要視されるからです。まれに、難解な表現や難しい漢字を用いたりする人がいますが、後から編集者に直されるだけです。中学3年生の国語力があれば読めるくらいの日本語がちょうどいいです。

とはいえ、いくらわかりやすい日本語が大事だからといって、メールやLINEで使うようなフランクな言葉づかいはいけません。どのくらいの文章が求められるかわかりにくい場合は、類書（自分が出版する予定の本のライバルになる本）を確認してみると目安になります。

実用書では中学3年生レベルの文章がいいといいましたが、専門書の原稿を書く場合はこの限りではありません。読者の多くはその分野の専門家ですから、その人たちが読む本として適切な文章表現をしなければなりません。

要するにここで言いたいことは、読者に合った表現を用いることが大事だということです。過去に、「こんなに平易な文章では、自分のレベルが低いと思われるのではないか」と心配されていた人もいますが、読者を無視して書けば書くほど、読者の心は離れます。想定する読者については、出版企画書で確定したはずですから、執筆の最中で迷ったらいつでも企画書に立ち返り、誰に向けて書けばいいかを意識しながら書き進めるようにしてください。

04

執筆は任せることもできる

ブックライターに頼るという方法もある

原稿を書く時間がない人や、書きあげる自信がないという人は、原稿執筆を人に任せるという道もあります。本の原稿執筆を生業にするブックライターに、自分の原稿執筆を依頼するのです。

ブックライターの仕事はシンプルで、著者に代わって本の原稿を書くことです。「そんな仕事をする人たちがいるんだ」と驚かれることもありますが、一説にはビジネス書の9割はゴーストライターによるものという話もあるくらいです。正確な数字はわかりませんが、事実として著名人や多忙な著者の本などは、ブックライターが書いていることが多いです。あまり表舞台に出る機会が少ないので知られていませんが、ブックライターに頼るのはごく普通のことですから、いざとなったら本の原稿を書く専門家に任せるというのもいい選択です。

ブックライターに任せる人がいるかもしれませんから、ここで少しブックライターとはどんな人かを説明しておきます。一般的にライターは、出版社や企業などから依頼を受け、要望や掲載媒体に合った文章を提供する人のことを指しますが、ブックライターはその中でも本の原稿執筆に特化した人です。

ひとえにライターといっても、人それぞれ得意な分野が異なるので、本の原稿を依頼するならブックライターとして実績のある人に依頼するのが安心です。本の原稿執筆を代わりに依頼する場合は、自分のコンテンツを事前に複数回ヒアリングしてもらい、そのヒアリングを元に原稿を書いてもらうことになります。このヒアリングも要領がありますから、慣れた人に頼むほうが結果としてあなた自身の負担も少なくなります。

ブックライターに依頼する場合、著者としてあなたが行わなければならないのは、ヒアリングへの対応と出来上がった原稿の確認作業のみになります。ヒアリングは本のボリュームと内容によって異なるため一概に言えませんが、1章あたり1時間ほどと考えておくといいでしょう。実際私たちがヒアリングを行う場合も、3時間を2回、内容によっては3回実施することが多い傾向です。極端なことを言えば、ライターから聞かれることに答える「だけ」で原稿ができますから、思い切って任せてしまう著者も少なくありません。

ブックライターを探す場合は、まずは編集者に相談してみるのがいいでしょう。ネットワークの中から、編集者自身にとって仕事がしやすく、かつあなたのコンテンツを理解していい原稿にしてくれそうな人を探してきてくれるはずです。

自分の知り合いのブックライターにお願いしたい場合も、その旨を必ず編集者に伝え、了解をとってから話を進めるようにしましょう。

原稿執筆をブックライターに任せる場合、ライターの報酬を誰が支払うかについては出版社や編集者と相談して決めるのが一般的です。著者が自分で書くことを前提として企画書が通っているなら、著者が負担する傾向にあります。もし「ご自身で書かれますか？」と訊かれた場合は、事前に誰が費用負担するかを確認しておくことも大切です。進めている途中で、やはり人に書いてもらったほうがいいと気が付くこともありますから、その可能性も踏まえた上で話をしておくと後々スムーズかもしれません。

ところで、ブックライターの費用を著者が負担する場合はどのくらいかかるのでしょうか。これには明確な基準もなく、ライターによって提示する費用が異なりますから、人によるとしか言えません。相場としては一冊あたり40～50万円くらいで考えておくといいでしょう。

「一冊書いてもらうのに50万円もかかるの！」と思うかもしれませんが、著者に代わって原稿を書くために、10時間ほどのヒアリングをするだけでなく、著者のコンテンツを理解するために何時間もかけて情報収集を行い、必要な本を読み込み、1ヵ月（場合によっては数ヵ月にわたることも）ほどかけて原稿を仕上げていきます。また、入稿（原稿のデータを印刷所に送ること）までの間、必要な修正や校正にもしっかり伴走してもらえます。

出版は比較的長期のプロジェクトですし、作業してもらう内容やボリュームを考慮すると決して高すぎることはありません。

ブックライターに任せるメリット

ブックライターに任せる場合のメリットは、大きく3つあります。それは、①原稿を書くための時間と労力を削減できる、②読者に伝わるよう魅力的に書いてもらえる、③自分のコンテンツが整理されるというものです。

●①原稿を書くための時間と労力を削減できる

多忙な著者が出版する場合、原稿を書くための時間をどのように捻出するかは大きな課題です。毎日、朝から晩まで打ち合わせや商談でスケジュールが埋まっている状態だと、執筆作業は必然的に深夜もしくは早朝になります。

出版のスケジュールはあらかじめ決まっており、原稿が完成しなかったら発売日をずらせばいい、という考えかたは全く通用しません。そこは交渉でどうにかならないかと考える人もいますが、どうにもならないのです。

その点、ブックライターに任せてしまえば安心です。例えば、日々の業務で執筆時間が確保できない医師や経営者などは、書く時間がないことが最初からわかっているので、割り切ってプロに任せる人もいます。

●②読者に伝わるよう魅力的に書いてもらえる

ブックライターは本の原稿を書くプロですから、どのように書けば著者のコンテンツが魅力的になるか、あるいは読者からいい反応がもらえるかといった、いわゆる「伝わる本の書きかた」をわかっています。読者の立場を理解し、著者の伝えたいことが確実に伝わるよう工夫をこらしながら書いてくれるので、自分の話したことがこんなふうに書いてもらえるなんて、と感動する著者もいます。

第三者の視点が加わることで、ひとりよがりな文章になることを防げるのもメリットの一つ。自分で書くと、どうしても専門的な表現ばかりになったり、話が偏りすぎたり、文字数を気にするあまり間延びした文章になったりする傾向があります。初めてだと仕方のないことですが、原稿を指摘されて修正を繰り返すことを考えると、最初からプロに頼んでおくほうがいいという考えかたもあります。

●③自分のコンテンツが整理される

ブックライターという第三者の視点が加わることで、自分のコンテンツが整理されより魅力的になるのもいいところです。初めて出版する著者は、当然ですが自分のノウハウをどのように本にまとめていいかわからないことが多いです。

その点、ブックライターはコンテンツを伝えるプロ。読者が納得する論理展開や根拠の示しかたを提案してもらうことで、自分自身の発信にも磨きがかかります。

ブックライターに任せるデメリット

明らかに原稿執筆を人に任せたほうがいい人もいますが、人に任せることで熱量が伝わりにくくなるという欠点もあります。例えば、政治家が肝心なところでスピーチを人に任せていたら、聴衆の心はつかめません。代理でも素晴らしいスピーチをする人はいますが、やはり魂のこもったスピーチは本人にしかできないものです。

ブックライターに任せるというのは、これと同じ。いくら素晴らしい文章になっていても、どこか血の通っていない文章になってしまうこともあります。不思議なもので、本は書いたその人の熱量が文章から伝わってくるものですから、書き手であるライターが淡々と書いてしまうと、原稿としては完成しても読者の感情が動かない文章になってしまうのです。それを考えると、忙しくても著者自ら手を動かしたほうが結果的にいいものになる可能性もあります。

そうならないためには、ライターとのコミュニケーションが非常に大切です。ライターも人間ですから、「この著者の出版を成功させたい」と思えば、その分、力も入ります。差をつけるつもりはなくとも、すべての本を同じように書くなんて、そもそも無理なのですから。

また、ライターがなかなか話を理解してくれず、かえって説明の時間がかかりすぎるということが起こるケースもあります。ただ、これはライターの選びかたに問題があります。「この人なら大丈夫」という人を選べば、そのようなことは防げます。

05

本づくりに関わる人たちと役割

本はひとりではできない

本づくりは、チームで取り組む一大プロジェクトです。著者が直接関わるのは、編集者とライターくらいですが、あなたが直接関わらないところで、いい本にするために全力で取り組んでくれる人がいます。ここでは、自分の本にどんな人たちが関わるかを説明します。

本づくりというプロジェクトは、著者の他に、プロジェクト全体の旗振り役である編集者、ライター、デザイナー、校正者そして印刷会社が関わって行います。企画の内容によっては、ここにカメラマンやイラストレーター、漫画家が加わることもあります。一般的なビジネス書なら、著者、編集者、デザイナー、校正者、印刷会社というメンバーでプロジェクトに取り組みます。

これらの人たちは、いわば本づくりのプロです。「いい本をつくりたい」という一つの目標に向かって真摯に取り組んでいます。各々が様々な経験を積み重ね、プロとしての誇りを持って仕事に臨んでいます。

このように、出版社から刊行される本は、プロフェッショナルたちの技術と情熱の結晶なのです。個人で電子書籍を出版できる時代だからこそ、プロの技術を結集した書籍には特別な価値があります。装丁の美しさ、文字組みの読みやすさ、校正の正確さ、そのどれもが「商品としての本」の価値を高めてくれるのです。

編集者の役割

ここでは、著者であるあなたが本づくりにおいて最も密に関わる編集者が何をしてくれるかを説明していきます。

編集者は、単なる原稿の添削者ではありません。コンテンツの企画を立て、制作の進行管理から宣伝までを考えるのが仕事。こと本づくりにおいては、出版企画の立案から予算立て、著者へのオファー、ライター、デザイナーなどへの依頼、原稿の確認、印刷所とのやり取り、刊行（発売すること）後の販促までを担います。

出版という一大プロジェクトに取り組む著者にとって編集者は、最も頼りになるビジネスパートナーです。出版に関することでわからないことはなんでも相談し、あなたひとりで問題を抱えないようにしましょう。

プロジェクトの進行管理も編集者の大切な仕事ですが、最も重要なのは客観的な視点で本の内容をジャッジするという役割です。よく、編集者は最初の読者だと言われたりしますが、編集者は唯一、書き手と読み手双方のことを理解する人です。書き手となる著者の知識やノウハウを、どのようにすれば読み手に届くのか、一番冷静になって考えてくれる人でもあります。

実際に本を書き始めるとわかると思いますが、苦労して書き上げた原稿には思い入れがあるので、客観的な視点を持ちにくくなります。だからこそ編集者の「きっと著者はこう伝えたいのではないか」「ここは読者が戸惑ってしまう」という視点が、いい本づくりには欠かせないのです。

ライターの役割

先ほども触れたように、ブックライターは著者に代わって本の原稿を書き、期日通りに出版できるように支援するのが仕事です。ブックライティングという仕事において、ライターはあくまで黒子です。黒子ですから、ライター自身が面白いと思うかどうか、といった個人的な興味関心よりも、読者が何を求めているか、それに対してこの著者がどう応えるのがベストかといった視点を重視します。

ライターというと、雑誌やＷｅｂメディアのライターも似たような仕事をするのですが、ライター個人の視点が重視されるメディアのライターとは、ここが大きな違いです。あなたの黒子として徹し、著者であるあなたの考えや言葉をどのように伝えればいいかを考え、あなたになったつもりで言葉を選び、原稿を書いていく。それがライターの役割です。

デザイナーの役割

出版というプロジェクトにおいては、デザインも非常に重要です。本づくりで求められるデザインは、本の顔である装丁デザインの他に、本のレイアウトを考えるエディトリアルデザインがあります。

装丁デザインは、ブックデザイナーと呼ばれる人たちが行います。表紙やカバー、帯、見返しなどを魅力的にするのが仕事です。単におしゃれなデザインにすればいいのではなく、本の内容を読者にしっかりと訴求することが求められます。それだけでなく、書店に置かれた際に手に取ってもらえるようなデザインを考えることもブックデザイナーの役割です。

まれに「表紙のデザインはこうしたい」とこだわりたくなってしまう著者がいますが、彼らは過去の膨大なデータや経験を持ち、その上でデザインを考えてくれます。ですから、餅は餅屋と割り切り任せてしまったほうがいいものができます。

本のレイアウトなどを行うのは、エディトリアルデザイナーと呼ばれる人たちです。エディトリアルデザイナーは、著者やイラストレーター、カメラマンなどがそれぞれつくった原稿や素材を組み合わせ、読みやすくレイアウトするのが仕事です。厳密には、本のレイアウトを考えるのがエディトリアルデザイナーで、レイアウトに沿って原稿を流し込み、誌面を作成するのはＤＴＰオペレーターと、役割分担をするケースもあります。

改めて手元の本を数冊見比べてみるとよくわかるのですが、同じビジネス書でも、想定読者によってフォントサイズや行間などが異なると思います。

本にしたときにどんな見えかたになるかという視点を持った彼らがいるからこそ、読みやすい本が出来上がります。

校正者の役割

著者と直接関わる機会はほとんどありませんが、校正者は本の品質を担保してくれる、いわば出版前の最後の砦です。あまり馴染みがないかもしれませんが、校正とは、文章内に誤字や脱字、誤植、表記ゆれ、スペルミスがないかを確認すること。校正者は、専門家としてその役割を担います。

校正は著者も編集者、ライターも全員が行いますが、校正者は素人が見落としがちな細かい箇所にも目を光らせてくれます。

間違った状態で出版され、読者の手元に渡ってしまった本はもう戻すことができません。Ｗｅｂ上の記事なら、後から訂正することも簡単にできますが、本の場合そうはいきません。出版にかけた費用も台無しになってしまいますし、著者自身の傷にもなりますから、この校正というプロセスはかなり重要です。

校正は、印刷に入る前の段階で、「ゲラ」と呼ばれるレイアウトされた原稿を使って行います。著者であるあなたは、本当にこのまま世の中に出してもいいのか、しっかりと確認してください。

まれに「出版社の人が見てくれているはず」とゲラを読まない著者がいたりしますが、それだけは絶対にやらないようにしてください。ゲラ校正の段階になったら、どんな仕事よりも優先して取り組むという心構えで臨みましょう。

校正という言葉が出ましたので、ここで校閲という言葉も知っておきましょう。校閲は、書かれている内容の正誤を確認することです。校閲は校正者が兼ねるケースが多いようです。

06

執筆開始後の生活はどう変わるか？

原稿完成までに著者がやること

出版のお手伝いをしていると、「これから自分はどんなことをすればいいのでしょうか」とよく訊かれますので、ここでは執筆開始後から著者がすべきことについて紹介していきます。出版のプロジェクト全体で考えると著者のタスクはいくつもありますが、ここでは執筆開始から入稿までに限定して話をします。

出版企画が採用され、いよいよ執筆開始となったら最初にすべきなのはスケジュールを立てることです。スケジュールの立てかたは2章で詳しく説明しますが、原稿が完成するまでには「素材の準備」「原稿執筆」「校正」と大きく三つの工程があります。

ブックライターに原稿執筆を依頼する場合は、原稿執筆工程は不要で、素材の準備やヒアリングの対応、書いてもらった原稿の確認、校正という流れになります。

この三つの工程の中で、自分以外に関わって欲しい人がいる場合（例えば、社内の人にも原稿づくりに関わってほしいと考えているなど）は、事前に相手に交渉してスケジュールを押さえておきましょう。

時間管理とモチベーション維持が勝負

初めての本づくりは、右も左もわからないまま旅に出るようなもの。原稿を書き終わると「やり切った」と両手を挙げる著者が多いですが、ほぼ全員が「思っていたのとまったく違った」とも口にします。一体何が著者の想定外となるのか、ここではその点を紐解くことにしました。

初めて本を書く人がぶつかる壁は、大きく二つあります。

一つは、想像を超える作業量と時間の壁です。多くの著者は、本業の傍らで執筆活動を行います。最初は「週末に集中して書けば何とかなる」「仕事が終わってから書こう」と考えがちですが、実際に執筆を始めると、予想以上の時間が必要だと気づきます。一章分の原稿を書くのに、リサーチや構成検討、実際の執筆、見直しを含めると、思いのほか多くの時間が必要になるからです。

特に苦労するのが、締切に向けた時間管理です。仕事が忙しくなったり、家族の用事が入ったりと、予定通りに執筆時間が確保できないことが頻繁に起こります。その結果、スケジュールが徐々に遅れ始め、土壇場で追い込みの執筆を強いられることになります。

もう一つの壁は、執筆のモチベーションを保つことの難しさです。本の執筆は、例えるなら短距離走ではなくマラソンのような持久戦です。最初は意気込んで執筆を始めても、徐々にネタが枯渇し始め、最後まで書ききれるかという不安に襲われます。特に、本の中盤に差し掛かる頃から、このような停滞感を感じる著者が多いように思います。

また、校正作業や図の確認など、純粋な執筆以外にも様々な作業が発生することも、著者を悩ませる要因となります。「原稿を書き上げれば終わり」と思っていた著者が、これらの作業の多さに驚くケースは少なくありません。

本書では、こうした壁をできる限り取り除けるように対策を紹介していきますが、壁にぶつかることは、決して悪いことではありません。想定と違っていたとしても、それを乗り越えたという思い入れが生まれるので、その後の販促などもうまくいっているケースが多いです。

掲載素材の準備に追われる人も多い

スケジュール通りに進める上で想定以上に大変なのは、原稿に用いる素材準備です。実用書の場合、図や写真を入れながら解説する本もあります。例えば次の図は、あるＷｅｂサービスの使いかたを解説した本のレイアウトイメージです。パソコン書などに多いですが、操作画面を紹介しながら手順の解説が必要な場合、著者は本文とは別に操作画面のキャプチャも素材として提供しなければなりません。操作するごとに画面キャプチャが必要となると、企画によっては膨大な素材が必要になることがおわかりいただけると思います。

パソコン書だけではありません。料理のレシピ本やクラフト本、美容本も写真が多用される傾向にあります。料理のレシピ本なら、著者が本に掲載するレシピを実際に調理し、その過程をカメラマンが撮影していきます。その際、スタイリングが必要な場合はスタイリングに必要な小道具などを揃えておかなければなりませんし、自宅や自社スタジオを使わない場合は、スタジオを借りなければなりません。

画像がたくさん入る本は、掲載画像の準備に追われがち

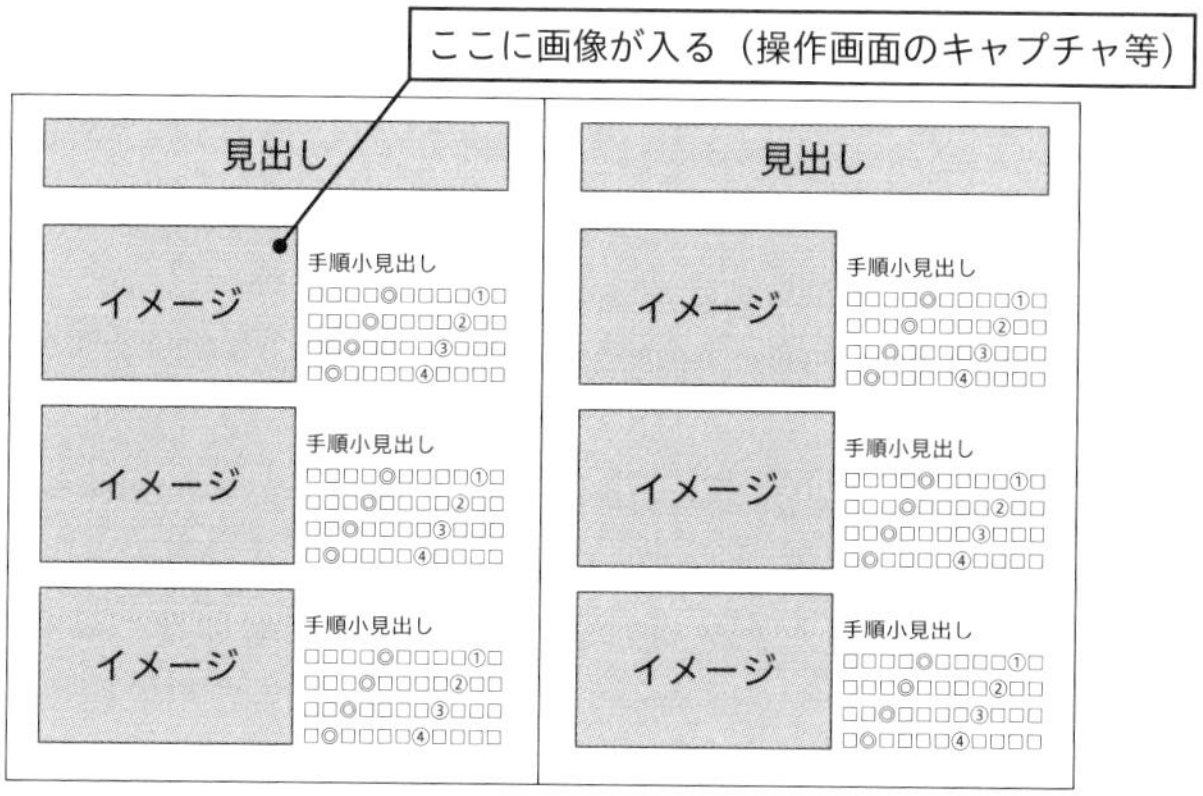

このように、文章を書くだけでなく素材の用意もしっかりと計画の中に含めておかないと、執筆開始後に想定外のことで慌ただしくなってしまうことがあります。

出版するとなると、それまでの生活パターンを変えなければならない部分も出てきますが、スケジュール通りに進めるには一も二もなく計画を立てることです。本業に支障をきたすことなく、また出版のスケジュールも遅らせないようにするために、2章からは実際に本を書く流れやスケジュールについて説明していきます。

Chapter 02

著者が知っておきたい本づくりの基礎知識

01

本を書く流れとスケジュール

本の原稿執筆の流れを知ろう

本の原稿執筆は、「素材集め」「目次立て」「プロット作成」「執筆」「推敲」「校正」という六つの工程で進んでいきます。一般的な実用書の場合、企画が通ってから発売までおよそ4～6ヵ月かかります（もちろん、本によって異なりますのであくまで目安です）。各工程でどんなことをするのか、詳しく見ていきましょう。

●素材集め

いくら慣れた人でも、企画書を受け取り、いきなりパソコンに向かって原稿を書き出すことはありません。企画書の内容に沿って、原稿の素材をたくさん集めていきます。これが「素材集め」です。

期間的な目安としては約1ヵ月。ここでは、自分の経験やノウハウを書き出すことはもちろん、統計データや参考文献、事例など本に掲載できそうなネタをできるだけ多く集めます。

ブックライターとして著者の代わりに原稿を執筆する場合は、素材集めに入る前に執筆するテーマに関する知識をつけなければなりません。類書を読んだり著者から提供された資料に目を通したりするだけでなく、業界に関する知識を仕入れるため関連書籍や資料の読み込みを行うことも、素材集めのうちです。

素材集めの段階では、「何を掲載するか」といった取捨選択は後回しにして、とにかく集めることに集中します。写真や図が必要な場合は、その準備も始めていきましょう。

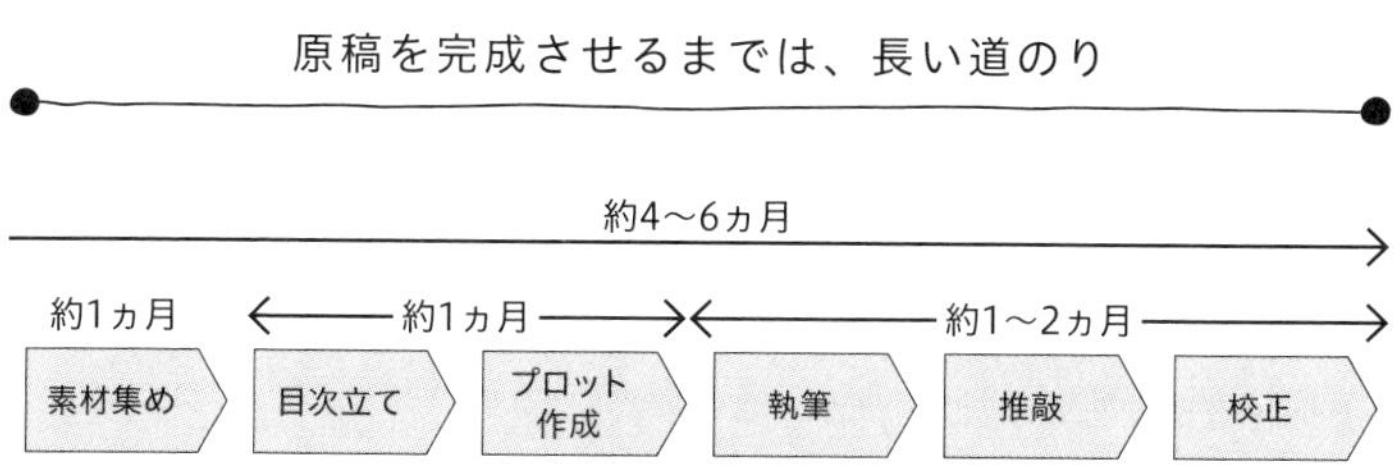

●目次立て

本の原稿執筆を料理に例えると、素材集めは食材の買い出しを行うイメージです。食材の買い出しを終えたら、買ってきた素材をどのように使うか考え、レシピを考えたりすると思いますが、目次立てもそれによく似ています。集めた素材を整理しながら、本の骨格をつくっていく作業が「目次立て」です。

目次は、実用書には必ず存在するページで、読者が内容の全体像や流れを把握する手助けになります。目次があることで、求める情報をスムーズに見つけられたり、全体の構成を理解したりできます。

目次を考えるときは、まず話の大きな流れをつくるために「章」だけを考え、章の流れが決まったら、その章の中に含みたい素材を振り分け、伝える順番を考えていきます。この時、本の階層構造を意識しながら作業を行うとうまくいくのですが、本の階層構造についてはこのあと詳しく説明するためここでは割愛します。

話を戻します。目次立ては1週間ほどかけて行いますが、その間、編集者とのやりとりを重ねながら、目次を考えていきます。目次立てで意識するのは、本の企画に沿って話の流れが組み立てられているかです。特に実用書の場合は、ノウハウをまとめた内容になることが多いですから、掲載する情報に不足がないようにしましょう。

●プロット作成

小説やドラマ、映画でも、ストーリーのあるものをつくる際に、必ずつくるのが「プロット」です。プロットとは、詳細な設計図のようなもののことで、話の筋や構想をまとめるためにつくるものです。先につくった目次に合わせて、項目ごとに何を書くか、具体的なことを決めていきます。

プロットをどこまでつくり込むかは人により様々ですが、しっかりつくり込んでおくのが私たちのおすすめです。実際に執筆を進めると、次に何を書くべきか悩むことが多くなります。本の原稿は何日もかけて書くものですから、何を書くはずだったかを忘れないためにも大切な工程となります。ただ、プロットの内容を変更しなければならないときもありますから、あまり時間をかけすぎないように。大体3週間くらいかけるのが目安でしょう。完成したプロットは再び編集者に確認してもらい、アドバイスをもらってください。

●原稿執筆

プロットができたら、いよいよ原稿の執筆をスタートさせましょう。原稿執筆は最も時間のかかる工程ですから、最低でも1ヵ月、初めての執筆なら2ヵ月は見込んでおきましょう。原稿は、プロットに沿って書いていきますが、ただ書くだけでなく、読者にとって分かりやすい表現を心がけます。図や写真を入れる場合は、本文との整合性も確認しながら進めましょう。

ちなみに、「原稿」と呼ばれるものはテキストデータだけではありません。図や写真、イラスト、漫画など本に掲載するものはすべて「原稿」といいます。

●推敲

原稿を書き終えたら、推敲を行ってください。推敲では、書き上げた原稿を読み返し、内容や表現を磨いていきます。文章の流れは自然か、説明は十分か、誤字脱字はないかなど、様々な観点でチェックします。心配な人は、この段階で編集者に見てもらいましょう。話の流れに問題がないか、企画の内容から逸れていないかどうかなどを中心にフィードバックをもらっておきます。

原稿の推敲を行ったら、編集者にデータを送り一旦休憩です。あなたが送ったデータは、編集者が確認し、デザイナーがレイアウトしてくれます。

●校正

レイアウトが終わると、「ゲラ（校正刷り）」と呼ばれるものが届きます。

ゲラは、実際のレイアウトにテキストデータや写真、図などの原稿を流し込んだものです。

図のようなゲラが届いたら、文字の誤りや、レイアウトや図の配置などを確認していきます。通常、最低3回の校正があるので、細かくチェックしていきましょう。

初回のゲラが届いた段階では、ページ数の調整や加筆修正が行われたりします。

この段階で、原稿を書き足さなければならないなど、再び原稿執筆に舞い戻ることもありますから、柔軟に対応できるよう、ある程度の余裕を持ったスケジュールを組むことをおすすめします。

また、写真撮影や図の作成など、外部の協力者が必要な場合もありますから、早めに段取りを組み、スケジュールに組み込んでおくといいでしょう。

スケジュールは「余裕ありすぎ」でちょうどいい

プロジェクトを進めるためにスケジュールを立てるのは当たり前ですし、「スケジュールを守らない人なんて、社会人失格だ！」

原稿データとゲラの違い

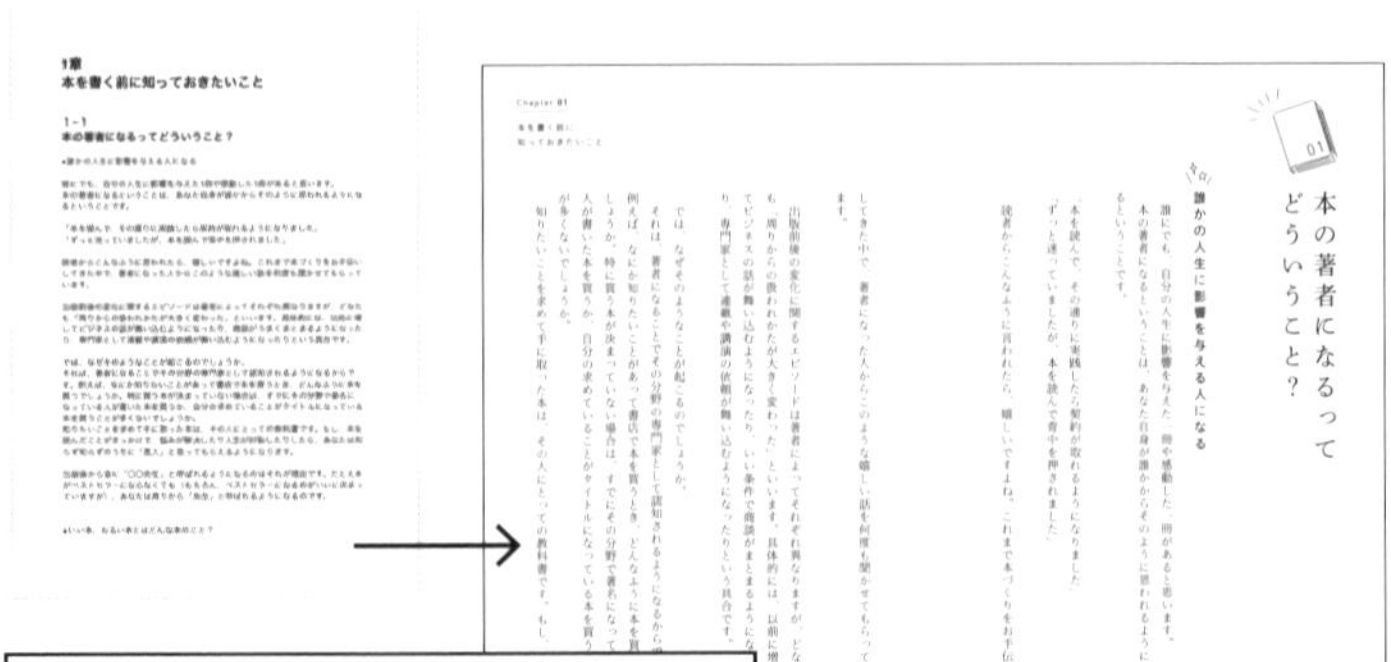

Googleドキュメントで書いた原稿がゲラになった！　ゲラになると、本のイメージが湧く。

と普段から強く意識されているかたもいると思います。もちろん、本づくりも例外ではありません。と言いたいところですが、不思議なことに立てたスケジュール通りに進んでいかないのが本づくりです。

特に実用書の著者になる人は、普段の仕事と両立しながら執筆を進めることになりますから、「いくらなんでも余裕がありすぎ」くらいのゆとりを持たせたスケジュール立てを行っておきましょう。前項では、目安としてそれぞれの制作工程の期間をお伝えしましたが、不安な人はその1・5倍くらいの期間を確保しておくといいです。

そんな大袈裟な、と思われるかもしれません。でも、想像してみてください。夕方まで仕事が続きヘトヘトになって帰宅した後、21時以降しか執筆の時間が確保できないとしたら……。日中の仕事で疲れ果て、寝てしまう日もあるかもしれません。急な残業が入り、執筆の時間が確保できなくなってしまうかもしれません。

そんなことがあっても期日までに確実に書き上げるために、十分な余裕を持っておくことを忘れないでください。

計画通りにいかないこともあるとはいえ、「いつまでに何をすべきか」というガイドもないようでは、いつまでたっても完成しません。ですから、執筆スケジュールは事前につくっておきましょう。執筆スケジュールを作成するときは、「2月1日〜2月7日に1章を書く」のようにかなりアバウトなもので構いません。細かく決めたところで、先ほどのような理由で予定がズレてしまったり、自分の想定していたよりも時間がかかってしまったりと、執筆中は予測できないことが多々起こるためです。執筆スケジュールを細かく立ててしまうと、変更が生じるたびにつくり直す羽目になります。

●計画通りに進める鍵は「プロット」にあり

執筆をスムーズに進める鍵は、プロットです。前項ではプロットはつくり込むのがおすすめとお伝えしましたが、ほぼ原稿に近い状態でプロットをつくっておくと、筆が進みやすくなります。

原稿が遅れがちな人は、メモ程度にしかプロットをつくっていないとか、そもそもつくってすらいない人が多いように思います。プロットをつくることで、原稿に必要な素材が十分に集まっているかどうかもわかりますし、構成の矛盾などを見つけることができます。そうしたことをしていない状態で執筆を始めると、途中で行き詰まったり、修正すべき箇所が増えたりしてなかなか進まなくなります。

締め切り前になり勢いで書く人もいますが、熟考する時間がない状態で書くことになるので、結果的にいい本にはなりにくいです。自分自身が、いい加減な本を世の中に出してしまう人になっていいのかと言い聞かせ、プロットの段階からしっかり準備していきましょう。

なんらかの事情で原稿が書き続けられなくなった場合は、なるべく早く編集者に伝え、ライターを探してもらってください。

●締め切りを自分で決められる本もある

出版業界は「締め切り厳守」の業界ですが、出版形態によっては締め切りを自分の都合で延ばすことも可能です。自費出版や企業出版、Ｋｉｎｄｌｅ（電子書籍）出版の場合は、基本的に著者に主導権がありますから、締め切りは自分次第です。

一方、商業出版といわれる出版社にお金を出してもらい出版する形態の場合は、締め切り厳守、何があっても守るようにしてください。

02

本の素材集め

本の素材って何のこと？

本を書くための流れがわかったら、本の素材集めについて理解していきましょう。素材の集めかたについてはこの後3章で詳しくお伝えしますので、ここでは素材とは何かを説明していきます。

本の素材とは、本の内容となる材料のことを指します。小説なら物語の設定やキャラクター、ストーリー展開などが素材となりますが、ビジネス書や実用書の場合は、著者であるあなたが持つノウハウや経験が素材となります。また、それらを説明するための図やイラスト、写真、グラフなども素材といえます。

素材集めではまず、本で取り上げるテーマについてどのような流れで取り組めばいいか順番や工程を書き出し、自分の言いたいことや説明するための図などを工程ごとに用意します。

この素材集めは、本の出来を左右する重要な工程になりますので、しっかり時間をかけて取り組んでください。どんなに文章力があっても、素材が不足していてはいい本はつくれません。実際、執筆を始めてから「書くことがない」「深みがなくおもしろくない」と行き詰まるケースの多くは、素材の準備が不十分だったことが原因です。思いついた順番に書くようでは、似たような内容が重複したり、重要な情報が抜け落ちたり、話の流れに一貫性がなくなったりしてしまいます。それを防ぐためにも、素材集めが肝心なのです。

著者の知識・ノウハウ・エピソードを集めよう

著者の知識やノウハウ、エピソードなどは、それぞれの手順や工程において意識していることや、独自の考え、手法などを思いつく限り書き出します。この時点では「これは使えるだろうか」「これは本当に必要だろうか」といった判断は一切せず、思いつくことをすべて書き出していきましょう。

例えば本の書きかたについての解説本なら、最初に本を書く順番である「素材集め」「目次立て」「プロット作成」「執筆」「推敲」「校正」を書き出しておき、それぞれの工程におけるノウハウを出していきます。素材出しには、付箋や100円ショップで売っているようなメモ帳が便利です。一枚に一つのノウハウを書くようにすると、後で整理しやすくなります。

また、デジタルツールを使いたい場合は、iPhoneやMacに搭載されているフリーボード、あるいはMiroのような付箋機能のあるサービスを使うのもおすすめです。

ひと通り書き出したら、しばらく時間を置いて再度書き出しを行います。最初は思い出せなかったことでも、時間を置くことで新たに思い出すことがあるからです。これを頭の中が空っぽになったと感じるまで繰り返します。

　そして、自分の引き出しが空になったところで、類書ではどんなことが書かれているのかを確認します。「この視点は自分にはなかった」「このような切り口もあるのか」といった気づきが得られるはずです。

　この工程は、ブックライターが関与せず著者自身が行うことも少なくありませんが、ヒアリングを受け素材を引き出してもらう場合は、これとは別に気をつけたいことがあります。詳しくは3章で説明していますので、素材出しの時点でブックライターのヒアリングを受ける人は、3章も見ながら進めてください。

Miro（https://miro.com/ja/）で情報整理を行った

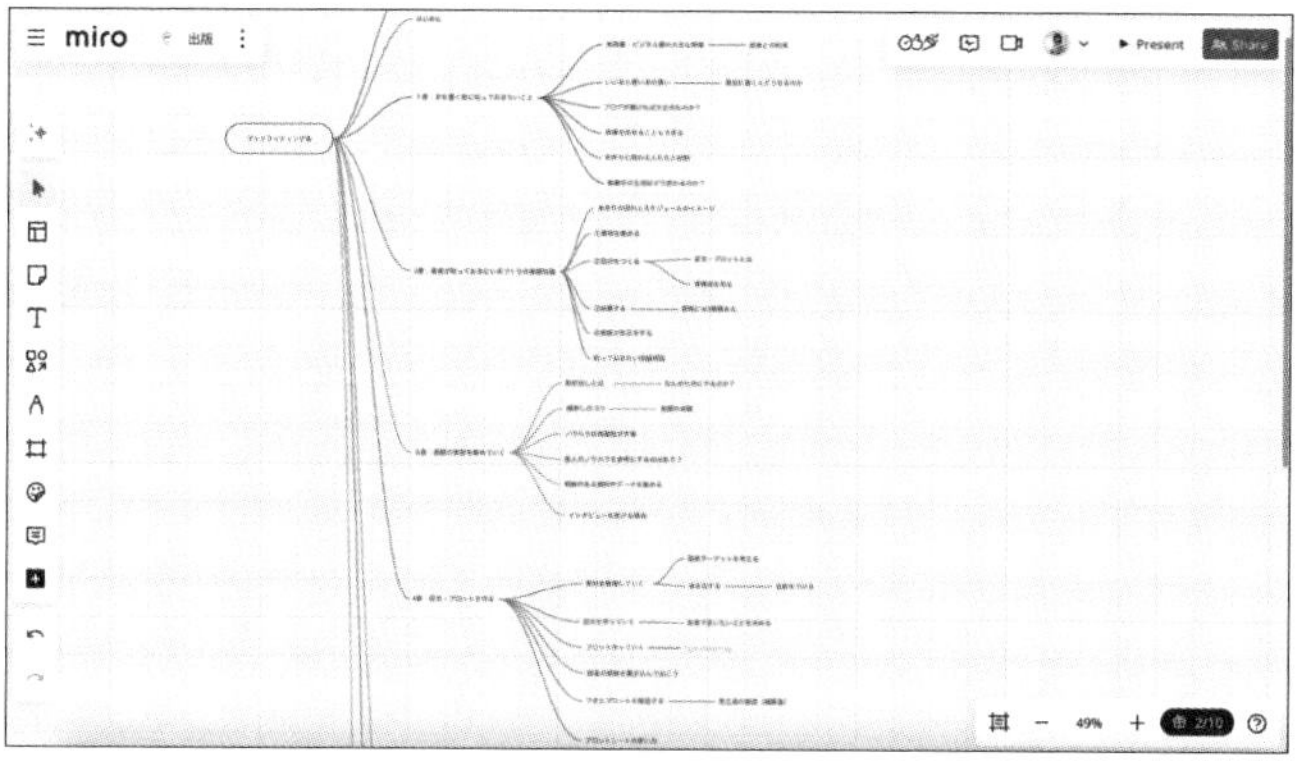

図やイラスト、写真、グラフを集めよう

人は、自分の悩みに対し「答え」だけ提示されても、受け入れられないものです。なぜそのような答えになるのかという理由やその答えに至るまでのプロセスについても知りたいと思う生き物です。

ですから、主に自分の主張やノウハウを証明したり、わかりやすくしたりするための材料を集めておきましょう。例えば何かのプロセスを説明する場合は、文章だけで説明するよりも、図解やイラストを用いたほうがわかりやすいこともあります。また、自分の主張を説明するために、公的機関が発表しているデータがあったほうが説得力が増すかもしれません。どんなふうに説明するとわかりやすいかを考え、必要な素材を集めていってください。

「素材集め」では、とにかく思いつくまま たくさん集めることが何より大切です。本を書く作業では、ネタ切れになるのが一番辛いものです。本を書きながら「足りない」と慌てるよりも、素材集めの段階でネタをかき集めておいたほうが、追加するのもそれほど難しくないからです。

03

目次・プロットをつくる

本のスタートとゴールを意識して話の大筋を考える

目次やプロットは、本の設計図的な役割があります。家に例えるなら、目次が間取りでプロットが部屋のインテリアというイメージです。骨格が決まらなければ、詳細が決まりませんから、まずは骨格となる大まかな話の流れをつくります。

目次を考えるときは、本のスタートとゴールを考えるとわかりやすいでしょう。スタートというのは、これから本を読む読者の状態で、ゴールは読者の読後の状態や感情です。

例えば、ＣｈａｔＧＰＴの使いかたを一から解説する本を書くのであれば、まず本を手に取ったばかりの読者がどのような状態かを考えます。本のスタート地点に立っている読者は、ＣｈａｔＧＰＴが何なのか、使うことで何ができるようになるのか、という基本的な知識を知りたがっていると考えられます。ですから、最初は基本的な知識や活用事例などを紹介し、ＣｈａｔＧＰＴがどういうものかをざっくり理解してもらうことが大切になります。次に必要なのは、実際に活用するために必要なＣｈａｔＧＰＴの画面や機能紹介。そして様々なシーンで活用するための応用術。という大まかな流れになるかと思います。

今考えた話の流れを、６章立てで考えると次のような流れになります。

1章：ＣｈａｔＧＰＴとは
2章：ＣｈａｔＧＰＴの基本機能
3章：ＣｈａｔＧＰＴを使って〇〇をつくる
4章：ＣｈａｔＧＰＴの応用術Ａ
5章：ＣｈａｔＧＰＴの応用術Ｂ

6章：ChatGPTを使えばもっとこうなる

目次を考えるときは、まず話の大筋を決めるために「章」から考え、その後で各章の中に含む話を考えていきます。

本は短い話の集合体で構成されている

ブックライターであると自己紹介すると、「よく一冊も書けますね！」とお褒め？いただきます。中には、「長文は書ける気がしません」と謙遜される方もいます。また本を書くことになった著者も「読書感想文ですらしんどい思いをして書いたのに」とおっしゃることがあります。確かに簡単ですぐできる事とは言い難いですが、本は短い話の集合体であると考えると気が楽になります。

仮にここに8万字ほどで書かれた本があるとします。でも、この8万という数字を6章に分けて考えると、1章あたり約1万3000字あればいいという計算です。その1章の中に六つの話を掲載すると考えると、大体一つの話につき2000字あればいいということになります。そしてさらにこの2000字の話を四つくらいの話題で分けることができれば、一つの話題は500文字です。500文字といえば、X（旧Twitter）で3〜4回投稿するくらいの文量です。

ここまで短い話題なら、大抵の人は苦なく書けるはずです。いきなり数万字を書きなさいと言われると気絶しそうになりますが、500文字くらいの話をたくさん書けばいいと考えることができれば、なんとかなりそうな気がしてきませんか。

素材集めのところで、とにかく思いつくままにネタとなる素材を出すことを推奨したのは、実はこのためでもあるのです。

ブックライティングを生業にする私たちは、人よりも長文執筆を得意としているわけではありません。企画という大きなテーマを説明するために、小さな話題をいくつも考えて書き、それを一冊の本として成立するようにつなげているのです。現にこの話題（本は短い話の集合体で構成されている）は570字ほど。他のパートも大体5

00～1000字の間に収まっています。

プロットづくりとは

「章」を考えたら、次に各章の中に入れる話を考えプロットに落とし込んでいきます。一つの章に入れる話は、大体五～八つくらいまでにしておくとバランスがいいです。すでに書き出してある素材を見つつ、どの話をどの順番で伝えるかを考えていきます。

プロットをつくる際は、後で紹介するようなプロットシートを活用するのがおすすめです。章、節、見出しという項目をつくり、それぞれどんな内容になるかをシートに記入していってください。章、節、見出しについては、4章の本の階層構造のところで詳しく説明しています。

本のレイアウトを確認しておこう

プロットの作成に入る前までに、本のレイアウトイメージを編集者とすり合わせておきましょう。気をつけなければならないのは、「1話完結型」を想定している場合です。1話完結型のイメージとしては、ドラえもんやクレヨンしんちゃん、ちびまるこちゃんなど、途中からでも内容が理解できるようなものです。

図のようなレイアウトの本は、初心者向けの解説本やハウツー本あるいは料理のレシピ本などによく見かけます。このような「1話完結型」の企画に取り組む場合、何を注意したらいいかというと、本に掲載する素材の数を多く用意しておかなければならないということです。自分の言いたいことや説明するための図などを工程ごとに用意します。話に連続性があるものなら、読者を飽きさせないように様々な切り口を用意するなどして、いかに話を長くするかについて考えますが、1話完結型の場合は、話そのものは短いのですが、話題の数が求められるといった違いがあります。

本のプロットはどうやってつくる？

レイアウトを確認したら本文を書く前にプロットをつくり、本全体の話の流れを考えていきます。本は階層構造になっていますから、階層を意識できるようなツールであれば、Ｇｏｏｇｌｅスプレッドシートやエクセルなど、自分が使いやすいツールを使用してかまいません。

右ページは文章、左は図解のレイアウト

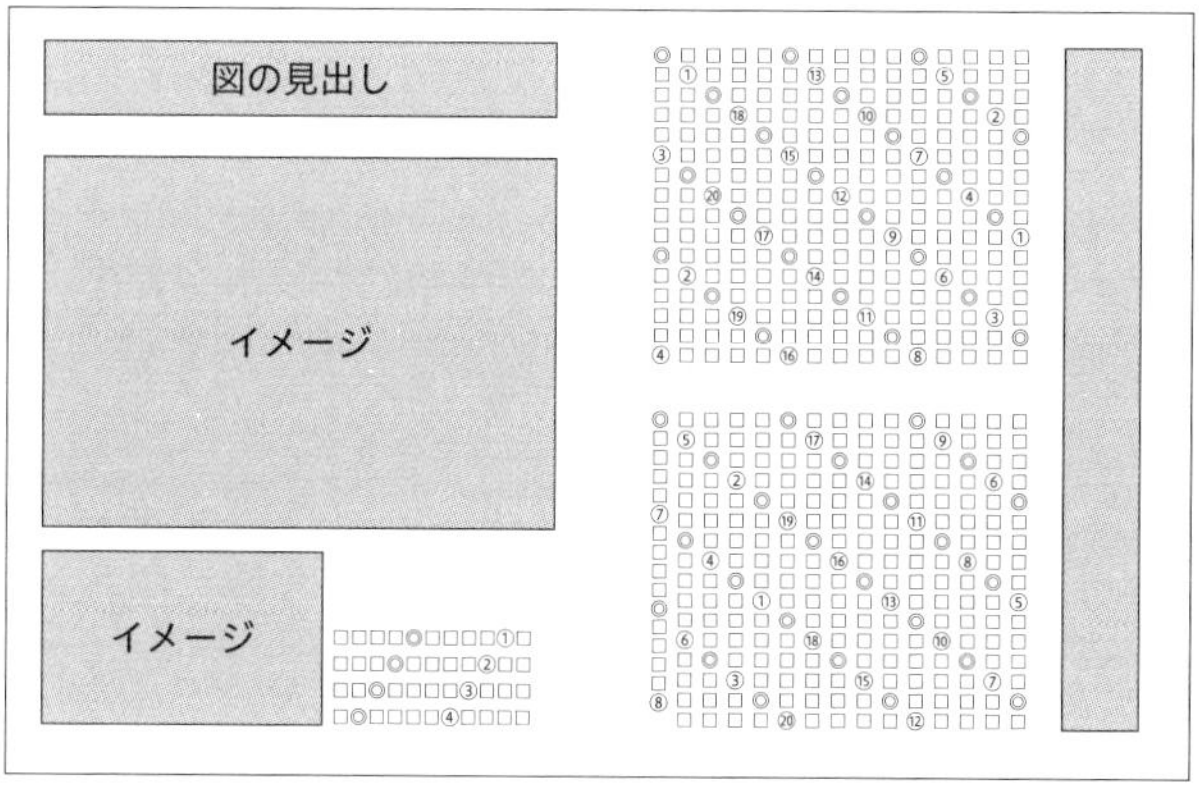

04

原稿を執筆する

そもそも原稿とは何か

原稿とは、本に掲載する素材のすべてを指します。文章だけでなく、図やイラスト、写真なども含めて「原稿」と呼びます。つまり、本の中に掲載されるものすべてが原稿なのです。

初めて本を書く人の中には、原稿は原稿用紙に手書きで書くイメージを持っている人もいるかもしれません。確かに、かつては原稿用紙に万年筆やボールペンで書くのが一般的でした。今でも小説家の中には、手書きで執筆される方もいらっしゃいます。

しかし、実用書やビジネス書の場合は、ほとんどがパソコンで作成されます。

実用書やビジネス書の場合、一般的に8万字から10万字程度必要といわれます。これを400字詰め原稿用紙に換算すると、200枚から250枚分の文章量になります。「たったの8万字か」と思われるかもしれませんが、実際に書き始めると意外と大変な量だということがわかります。

また、原稿には「本文」以外にも様々な要素が含まれます。目次やまえがき、あとがき、奥付の著者プロフィールなども原稿の一部です。図表やイラストを使用する場合は、それらの素材も原稿として提出する必要があります。

本文以外の原稿については、それぞれ決められた提出時期があります。例えば、目次は本文の執筆前に大枠を決めておく必要がありますし、著者プロフィールは本文の完成後に作成することが一般的です。これらの提出時期については、編集者と相談しながら決めていくことになります。

原稿は、本になるまでに何度も推敲や修正が行われます。ですから、最初から完璧な原稿を書こうとする必要はありません。むしろ、まずは自分の考えや伝えたいことを素直に書き出していくことが大切です。推敲や修正は、後から何度でもできます。完璧を求めすぎて書き出しで躊躇するよりも、とにかく書き始めることを優先しましょう。

原稿はどこにどうやって書くのか

実用書やビジネス書の原稿は、ほとんどの場合パソコンで作成します。使用するソフトは、Microsoft WordやGoogle ドキュメントなど、一般的なワープロソフトで問題ありません。また、横書きか縦書きかについても原稿執筆時点での指定はほとんどないはずです。

原稿を書く際の基本的な設定について説明します。一般的には、A4サイズの用紙に、文字の大きさは10・5ポイントか11ポイント程度、1行の文字数は35〜40字、1ページあたり30〜40行という設定が標準的です。ただし、これはあくまでも目安です。

うにしましょう。出版社によって好ましい設定が異なる場合もありますので、必ず編集者に確認するよ

原稿データの保存は非常に重要です。執筆中の原稿が消えてしまうことほど悲しいことはありません。そのため、以下のような点に気をつけましょう。

・定期的な保存を忘れずに行う
・複数の場所にバックアップを取る
・クラウドストレージを活用する
・章ごとにファイルを分けて管理する
・ファイル名は日付を入れるなど、わかりやすい名前を付ける

特に、クラウドストレージの活用は強くおすすめします。Ｇｏｏｇｌｅ ＤｒｉｖｅやＤｒｏｐｂｏｘなどのクラウドサービスを使えば、パソコンの故障や紛失があっても、原稿データを失うリスクを最小限に抑えることができます。

また、章ごとにファイルを分けて管理することで、推敲や修正もしやすくなります。すべてを一つのファイルにまとめてしまうと、後から修正する際に扱いづらくなる可能性があります。ただし、最終的には一つのファイルにまとめる必要がありますので、ファイルの管理には十分注意を払いましょう。

原稿の書きかたに正解はありません。キーボードで入力する人もいれば、音声入力を活用する人もいます。自分が最も書きやすい方法を見つけることが大切です。例えば、スマートフォンのメモアプリに思いついたことを書き留めておき、後でパソコンに整理しながら入力するという方法も有効です。

たったひとりのために書こう

本は多くの人に読んでもらうためのものですが、「多くの人に」という意識が強すぎると、かえって焦点がぼやけてしまいます。ですから「たったひとりのために書く」という気持ちで書くようにします。これは、具体的な読者像をひとり想定し、その人に向けて語りかけるように書いていくのです。

例えば、「副業の始めかた」という本を書く場合を考えてみましょう。ターゲットを「会社員」と漠然と設定するのではなく、「都内のＩＴ企業で働く35歳の男性。妻と2歳の子どもがおり、住宅ローンの返済が始まったばかり。将来への不安から副業を考えているが、会社のルールや時間の使いかたに悩んでいる」というように、具体的なひとりの読者像を設定します。

ひとりの読者を想定して書くことで、文章に温かみが生まれます。「読者の皆様」という漠然とした相手ではなく、目の前にいる特定の誰かに語りかけるように書くことで、親しみやすく、かつ説得力のある文章になっていきます。

さらにひとりの読者に向けて丁寧に書いた文章のほうが、結果として多くの人の心に届きやすいものです。なぜなら、同じような悩みや課題を持つ人は必ずいるからです。逆に、「誰にでも」という意識で書かれた文章は、往々にして「誰の心にも届かないもの」になってしまいます。

05

推敲と校正をする

推敲とは

推敲とは、自分で書いた文章を読み返し、より良いものに磨き上げていく作業のことです。いわば、原稿に磨きをかけ、読者により伝わりやすい文章に仕上げていく重要な工程です。

推敲の際に最も大切なのは、読者の立場に立って文章を見直すことです。文章の流れは自然か、説明に過不足はないか、同じ言葉を不必要に繰り返していないか、といった観点から確認していきます。特に、一文が長すぎないか、専門用語の説明は適切か、読者が理解しやすい順序で書かれているかといった点は、しっかりとチェックする必要があります。

著者と呼ばれる人たちはその分野の専門家の立ち位置にいることもあって、ついつい読者の知識レベルを高く見積もってしまいがちです。しかし自分の頭の中では当然のように思えることでも、読者にとっては初めて聞く話かもしれません。そのため、推敲の際は常に「読者の立場」に立つことを心がけましょう。

簡単なことではありませんが、原稿を書き終えてから少し時間を置くことで、ある程度客観的な視点を持つことができます。できれば3日から1週間ほど時間を空けてから読み返すのがおすすめです。時間を置いて読み返すことで、自分でも「こんなことを書いていたのか」と驚くような発見があります。

また、推敲は一度で終わるものではありません。何度も読み返し、その都度改善点を見つけて修正を重ねていきます。ただし、あまりに推敲にこだわりすぎると、いつまでたっても完成しない原稿になってしまう危険もあります。ある程度のところで「これでよし」と決断する勇気も必要です。

推敲する時は、原稿を声に出して読んでみてください。声に出して読むと、文章のリズムの悪さや不自然な表現に気づきやすくなります。また、パソコンの画面で見るだけでなく、印刷して紙の上で推敲することもおすすめです。手元で赤ペンを入れながら推敲することで、より細かいところまでチェックができます。

校正とは

校正とは、原稿の誤りを確認する作業のことです。推敲が文章の質を高めることが目的なのに対し、校正は誤字脱字や表記の統一など、より技術的な側面に焦点を当てた作業となります。

文章を書いている最中は誤字脱字に気づきにくいものです。特にパソコンで入力していると、変換ミスがあってもそのまま書き続けてしまうことが多々あります。また、同じ意味の言葉でも表記が揺れることがあります。例えば「ｗｅｂ」「Ｗｅｂ」「ＷＥＢ」のように、表記の仕方が複数ある言葉は、本全体を通して統一が必要です。

固有名詞の表記も重要な確認ポイントです。企業名や商品名、人名、公的な書類や制度の名称などは、正確に表記されているか必ず確認しましょう。特にカタカナ表記の固有名詞は、間違いやすいものです。

図表に関する確認も忘れてはいけません。図表の番号は正しく振られているか、本文での参照は適切か、引用元は正確に記載されているかなど、細かな部分まで注意を払う必要があります。目次と本文の項目の一致も重要な確認事項です。

校正作業は、出版社の校正担当者も行いますが、著者自身による校正も重要です。なぜなら、内容の正確性を最終的に確認できるのは著者だけだからです。専門用語や業界特有の表現については、最後まで著者が責任を持ってチェックする必要があります。

出版されたものは、あなたの責任になる

本が出版されると、その内容についての責任は基本的に著者が負うことになります。これは、たとえ校正で見落としがあった場合でも、最終的な責任は著者にあるということです。ですから、執筆時から「この内容に責任を持てるか」という意識を持つことが重要です。

データや統計を引用する場合は、必ず出典を明記し、最新の情報かどうかも確認する必要があります。また、個人や企業に関する記述は、特に慎重に行う必要がありま

す。

もし本の内容について読者から質問や指摘があった場合は、誠実に対応することが大切です。間違いが見つかった場合は、正直に認め、必要に応じて訂正情報を公開することも検討しましょう。これも著者としての重要な責任の一つです。

法律や国の制度に関わる本を書く場合

法律や国の制度について解説する本を書く場合は、特に慎重になってください。これらの情報は頻繁に改正されることがあります。また誤った情報を提供してしまうと読者に重大な不利益を与える可能性があるので十分に注意していきましょう。

法律や制度に関する情報を扱う際は、必ず一次資料で確認します。官報や政府発表など、信頼できる情報源にあたることが重要です。インターネットの情報は古いものが残っていたり、誤った解釈が広まっていたりすることがあるため、安易に参照するのは危険です。

Chapter 03

原稿の
素材の集めかた

01

読者を満足させる素材を集めるコツ

出版企画書のコンセプトを把握しよう

本はいきなり書き始めてもうまくいきません。2章で説明したように、原稿執筆の前に素材集めを行い、何を本に掲載するかを整理していくことでいい本になります。

素材を集める前には、改めて出版企画書のコンセプトを見直し企画のゴールを確認してください。企画のゴールとは、読者の望む未来のことだと考えてもらえればいいです。例えば、ダイエット本なら「今まで何をやっても痩せられなかった人が、〇〇をすることで3ヵ月で痩せられる」というのがゴールですし、料理本なら「毎晩遅くまで働いて自炊する気力のない人でも、5分で美味しくて健康的なご飯がつくれる」

ことがゴールです。副業の本なら「毎日1時間の作業で、月に3万円稼ぐ」ことかもしれません。

ゴールを明確にすることは、「この本は、誰に向けて何を伝えるのか」をはっきりさせるということです。おそらく今、あなたの頭の中には、本を通して伝えたいことがあれこれ浮かんでいるはずですが、思いつくままに本に掲載していたら、読者の満足する本はつくれません。本づくりは段取りが命。そのプロセスの中でも特に素材集めは重要です。自分の持つ素材やノウハウのうち、どれを掲載すべきか否か、企画書に立ち返りながら考えていきましょう。

例えば本書は、「初めて本を書く人が、最初に読む本」であることを想定しています。そんな本書のゴールは、初めて著者になる人が、本を書く過程においてどんなことが起こるかを理解し、無事に原稿を書き終えられるようにすることです。「ブックライターは何をしてくれるのか」「原稿の書きかたのコツは？」「締切までのスケジュールの立てかたは？」など、出版業界の人には当たり前のことでも、初めて本を書く人の目線で丁寧に説明することを心がけています。

このように、素材を集めるときは出版企画書のゴールを常に意識しましょう。「この情報は読者の役に立つだろうか」「これは読者が知りたがっていることだろうか」と考えながら、必要な情報を選んでいくのです。専門家であるあなたにとっては、当たり前すぎて、つい説明を省きたくなることもあるでしょう。でも、読者の立場に立って考えれば、そういった基本的な情報こそ大切で、丁寧に説明してほしいことなのです。常に読者の求めることを意識して、そのために必要な情報を惜しみなく提供することが、いい本づくりの秘訣です。

読者を具体的にイメージしよう

企画のゴールを確認したら、同時に想定する読者も明確にしておいてください。大抵の場合、出版企画書には必ず想定読者について書かれていますので、まずはその内容を確認しておきましょう。

その上であなたに行っていただきたいのは、読者をより具体的にイメージすることです。

「この本は誰に向けて書くんですか?」と聞くと、「30代のビジネスマンです」「子育て中のお母さんです」といった漠然とした答えしか返ってこないことがよくあります。確かに、企画書にはそのような言葉が並んでいるかもしれません。でも、それだけでは本当の意味で「読者」が見えていないのです。

出版の企画には「その著者でなければならない企画」と「市場があり売れる見込みのある企画」の二つがあります。前者の場合であなたが本を書く場合、あなた自身でなければならない話を書くことになりますから、読者も自分の顧客を想像すればいいのでイメージしやすいです。しかし後者の場合、あなたではなく編集者が企画を立てているケースも多いので、編集者と著者の読者イメージにズレが生じることがあるのです。そのまま素材集めを始めてしまうと、必ず行き詰まります。「これは読者に必要かな?」「この説明でわかってもらえるかな?」。そんな判断がすべてあやふやになってしまうからです。そうならないためにも、自分が誰に向けて本を書くのかを編集者とよくすり合わせておかなければなりません。

編集者とのすり合わせができたら、さらに読者像を明確にするために、ひとりの具体的な人物としてイメージできるまで解像度をあげていきます。例えば、子育ての本を書くなら、「32歳の会社員のお母さん。小学2年生と保育園児の2人の子どもがいる。共働きだが、夫の帰りが遅いため平日の家事はすべて自分でこなしており、ほぼワンオペ状態。会社を辞めて子どものそばにいたほうがいいのか悩んでいる」といった具合です。

あるいはビジネス書なら、「新入社員として営業部に配属され、まだ一度も契約を取れていない25歳の男性。商品知識はひと通り覚えたけれど、お客様との会話が続かず、上手く信頼関係が築けずに悩んでいる。まわりの同期はすでに契約が取れている人ばかりで、劣等感がある」というように、読者がどんな感情を持って書店に立ち寄るのか、あるいはインターネットで本を検索するのかについてイメージしていきます。

ここでイメージするのは、架空の人物でも、実在の人物でも構いません。大切なのは、その人の状況や悩み、望んでいることが具体的に見えていること。「この人は、どんなことで困っているんだろう？」「この人は、どんなことを知りたがっているんだろう？」。そう考えることで、必要な情報が見えてきます。

実際に私たちが本を書くときも、かなり具体的に読者がイメージできるまでヒアリングや調査を重ねています。著者にヒアリングをしたり、自分の周囲にいる読者イメージに近い人にヒアリングをしたりと、時間をかけることで、ぼんやりとしていた読者の顔がはっきりと見えるようになってくるので、ぜひあなたにもおすすめしたいです。

企画のタイプに合わせて素材を集める

前項で、本の企画は大きく分けて二つあるといいました。「その著者でなければならない企画」と「市場があり売れる見込みのある企画」です。あなたが素材を集める時、この二つのうち自分の企画はどちらに近いかを考えると、比較的素材集めもうまくいくと思います。

例えば、確定申告のやりかたを解説する本を例に考えてみましょう。確定申告は毎年必ず行うものですから、売れる時期に偏りがあるかもしれませんが毎年一定の需要があります。こういった本の内容は、著者の独自性よりも正しい情報とわかりやすい説明が求められているのであって、極端な話、著者が誰であっても変わらない部分が大きいのです。本書では、便宜上「解説本」としておきます。一方で、同じ確定申告に関する本でも「中小企業の社長が得する節税術」のような本は著者の経験や独自のノウハウが重要になるノウハウ本です。読者は、著者だからこそ知っている方法を求めているからです。

この違いを理解しておくと、素材を集めるのがかなりスムーズですし、後から素材を整理する際にも判断基準になります。頭の体操がてら、次のような本は解説本とノウハウ本のどちらになるか考えてみてください。

料理本で「基本のパスタレシピ50」は解説本寄り。「人気イタリアンシェフの極上パスタ」はノウハウ本寄りです。英語学習本なら、「中学英文法の基礎」は解説本。「私が3ヶ月で英検1級に受かった勉強法」はノウハウ本です。

さて、あなたが書こうとしている本はどちらでしょうか。

企画のタイプを知ることは大切ですが、解説本だからといって著者の個性が不要なわけではありませんので勘違いしないようにしてください。例えば先ほど取り上げた確定申告の本でも、「実際に自分が経験した失敗談」や「実践している確実な手順」といった、著者ならではの視点を加えることで、より実践的で信頼できる内容になりますし、あなたらしさを出していくことができます。

大切なのは、著者らしさを出すか出さないかという二択の話ではなく、あくまで読者がなにを求めてこの本を手に取るのか。その点のみです。

企画のコンセプトと切り口からブレないようにする

素材集めを始めると、思いがけない方向にどんどん広がっていきます。「これも書きたい」「あれも伝えたい」と次々とアイデアが浮かんでくるからです。それ自体は素晴らしいことなのですが、ここで気をつけたいことがあります。それは「企画のコンセプトと切り口からブレていないか」という点です。

あなたの手元にある出版企画書には、コンセプトと切り口という二つの要素が含まれています。一般的にコンセプトとは、商品やサービスの基礎となる考えのことをいい、これを本に当てはめると「誰がどうなるための本か」というのがコンセプトです。

一方、切り口とは読者に情報を効果的に伝えるための「言いかた」のことだと考えてください。

出版企画のコンセプトの根底にあるのは、「対象」「感情」「行動」です。「対象」は読者のことを指し、「感情」は読者の本を読んだあとに思うこと、そして「行動」は読者が読後に取りたくなる行動のことです。

読者像を明確にすることの大切さはすでに説明済みです。残りの二つ、「感情」と「行動」についてはどうでしょうか。

例えば「忙しいビジネスパーソンが、仕事を効率的に終わらせ定時で帰れるようになるための本」というコンセプトがあったとします。このコンセプトで本を書く場合、ただでさえ忙しい読者に、複雑な設定をしなければいけないアイデアを伝えたところで、誰もやりません。少なくとも、読者が本を読んで「やりたい」と気持ちが動かされ、本を手元に置きながら行動するようなアイデアが求められています。これがコンセプトを意識するということです。

では、切り口についてはどうでしょうか。先ほど、切り口は読者に情報を効果的に伝えるための言いかただとお伝えしました。例えば、「3分でできる」や「3クリック以内で完結」「コピペするだけで設定できる」といった〝縛り〟のようなものだと考えてもわかりやすいでしょう。

こうした縛りがあると、素材として出すものは限られてくるはずです。

素材を集めるときのポイントは、常に企画書に立ち返ること。「この情報は本当にコンセプトに合っているか」「読者との約束を守れているか」を確認しながら進めていきましょう。アイデアをたくさん出すこと自体は悪いことではありません。ただし、それを本の形にしていく段階では、必ず企画のコンセプトという物差しで測ってみる。これが「読者との約束を果たす」ためにも必要なことだったりします。

02

素材集めは人の力を借りていい

人に引き出してもらおう

「自分の持っているノウハウを本にしたい」と思っていても、なかなか素材が出てこないことがあります。頭の中には確かにたくさんの知識や経験があるのに、それをうまく言葉にできない。そんなときは、プロの力を借りるという選択肢も考えてみましょう。特におすすめなのが、ブックライターに協力してもらうことです。素材出しの段階だけでも、プロのライターと話をすることで、思いがけない発見があると思います。ブックライターは本の原稿を書くプロです。「この情報はどのくらい詳しく説明する必要があるのか」「ここはもう少し具体例があったほうがわかりやすい」「この経験は読者にとってどんな意味があるのか」。そういった視点で、あなたの中にある素材を上手に引き出してくれます。例えば、料理研究家が著者として料理の本を書く場合、著者にとっては当たり前の手順やひと手間が、おいしくつくる秘訣だったりするはずです。でも案外著者は、「こんな基本的なことを書いても……」と躊躇してしまう。そんなとき、ライターが「これは読者にとって貴重な情報です」と教えてくれるかもしれません。

頼れるライターがいない場合は、編集者に相談するのも一つの方法です。もともと編集者は本の企画を立てた責任者ですから、あなたの良さや読者のニーズを熟知しています。「この部分をもっと詳しく」「ここは実例があるといい」といった具体的なアドバイスをくれるはずです。

ただし、いくら人に引き出してもらうのがいいからといっても、素人ではいけません。特に、本づくりの経験がない友人や知人には安易に相談しないようにしましょう。せっかくの企画が、「それより○○のほうが面白いんじゃない?」「そんな内容で売れるの?」といった無責任なアドバイスで迷走してしまうことがあるためです。本の素材集めは、本の良し悪しにも関わる大切なプロセスです。この段階では、本づくりのプロフェッショナルに相談することが鉄則です。

ネタが尽きたら、過去の経験を振り返る

素材集めの最中、「本当はもっと素材はあるはずなのに、全然浮かんでこない」と悩まれる著者は結構います。素材はあるはずだと思っていても、いざ自分の頭の中にある情報をアウトプットし始めると、これが案外大変なのです。素材集めに行き詰まってしまうと、自分は思っていたほどノウハウを持っていなかったのかと自信を失くす人もいますが、それは違います。

著者になる人たちは、すでに専門家として地位を確立したような人たちばかりです。そのため、初心者のときの気持ちや感覚をすっかり忘れてしまっています。それが素材が出てこない原因の一つ。要は単純に忘れているだけだったりするのです。

本を書くとき、著者は専門家としての立場からものを言いがちです。別にそれが悪いわけではないのですが、それをしてしまうと、読者がつまづいている箇所に気付くことなく話を進めてしまうことになり、最終的に読者から「この本はわかりにくい」と評価されます。それはどういうことなのか。私たちのようなブックライターの話を

例に説明してみたいと思います。

例えば、ブックライターとしてすでに活動している人に、どうやって本の原稿を書くのかと聞くと、「最初にプロットを細かくつくっておくと楽ちんだよ」などと返事があったりするのですが、そもそも相手がプロットとは何かを知らない場合、そのアドバイスは役立ちません。

ちなみにこの本は、これから著者になる人のために書いたもので、出版業界のことや本づくりのことを何も知らない人が最初に読む本です。にもかかわらず、もしこの本の中で、そもそもプロットとは何かという説明がなく、プロットづくりのコツばかりが書いてあったら、何がなんだかわからなくなってしまうはず。でも、書いているとそのことに気付けないいんですよね。不思議ですがよくあることです。

書籍編集者の山田稔氏の著書『出版は企画が9割』では、著者はゴール地点からスタート地点を見つめるせいで、スタート地点からゴール地点までに存在したはずの悩みや陥りやすいポイントが見えていないと書いています。

読者のつまづきに気がついてあげないと、読者の心が離れてしまい、本が閉じられてしまいますから、それだけは避けたいもの。そうならないためには、今の自分の立場からプロセスをたどっていくのではなく、過去の自分がどのようなプロセスをたどったかを思い出すことがおすすめです。そうすることで、読者と同じ視点が持ちやすくなり、必要な素材もわかるようになってきます。

今では当たり前のように、本を書く前にプロットづくりをサクサクと行っている私たちも、最初はプロットがつくれずにとても苦労しました。先輩から「ちゃんとプロッ

自分で企画を立て、出版を狙いたい人向けの本

トをつくればいいのに」と言われても、余計にわからなくなるだけだったのを思い出します。誰にでも、初心者だった時期があります。だからこそ、初心者である読者が今何に困っているのか、どんな説明が必要なのか、本当は理解できるはず。過去を振り返ることで読者と同じ視点に立てますから、ぜひ取り組んでみてください。

ＡＩを壁打ち相手に使ってみよう

本の素材集めに行き詰まり、編集者やブックライターと相談する機会がすぐに持てない場合、ＡＩは便利な壁打ち相手になってくれます。

例えば、出版企画の内容を説明すると、目次やプロットを即生成してくれます。あるいは、自分が考えたネタや素材をＡＩに伝えると、企画内容と照らし合わせた上で改善点を教えてくれたりもします。「ＡＩに頼るなんて！」と目くじらを立てる人もいますが、凄まじい速さで進化するＡＩを無視するのはもったいない。自分では気づかなかった視点が見えてくることも十分ありますし、大いに活用すべきだと思います。

ただし、ＡＩは的外れな提案をすることもあります。特に専門性の高い分野では、表面的なアドバイスに終始することも。そのため、ＡＩからの提案は必ず自分の専門知識やノウハウでフィルターをかけて判断する必要があります。

ＡＩを使うのは、あくまでも素材集めのきっかけづくりです。最終的な判断は、著者である私たち自身の頭で、読者にとって本当に必要な情報は何か、どう伝えれば最も分かりやすいか考えていく必要があります。

実用書は再現性を重視しよう

読者の満足度は再現性の高さにかかっている

海外の旅先でかっこよく話したくて、ある言語を学ぶため一度に数冊の本を購入したことがあります。その時選んだ本は、タイトルに「ゼロからスタートできる」や「驚くほど身につく」、「初歩の初歩」といった言葉が並んでいました。どの本もまったくゼロから言語学習を始める人向けにつくられたもので、学ぶ上でつまずきやすい箇所も懇切丁寧に解説がなされています。

このように、読者がある目的を達成するために購入するケースが多い実用書やビジネス書では、再現性の高さが大切です。

再現性とは、読者が本に書かれた手順や方法に従えば、著者と同じ結果を得られるということ。より端的にいうと、読者が本のタイトルにある結果を得られるようにできていることが大事なのです。本を購入した読者が実際に行動に移すかどうか、あるいは本の通りにきちんと取り組むかどうかは著者としてどうすることもできませんが、タイトル通りの結果が得られるような方法を伝えるのは、著者としての義務でもあります。

例えば、営業の本で「お客様との良好な関係を築くことが大切です」と書いても、具体的な方法がなければ読者は実践できません。一方で「初回の商談では、まず相手の業界について三つ質問をしましょう」と書けば、読者は具体的な行動ができます。このように、読者が実際に真似できる具体的な方法を本の中で示し再現性を高めてください。

本の内容に再現性があるかどうかは、読者の満足度にも直結します。読者は自分の課題を解決するために本を手に取りますから、その課題が解決できれば満足し、解決できなければ不満を感じます。

また、再現性の高さは著者に対する信頼度にも関わってきます。読者が本の内容を実践して成果を出せれば、その著者の次の本も読みたいと思うはずでしょうし、あなたの普段の発信もフォローしたいとSNSで繋がってくれるかもしれません。ファンがつく実用書やビジネス書の著者は、カリスマ性があるからという理由だけで人気があるのではなく、「この人の言う通りにしたら、できた」という成功体験を与えているので人気が出るのです。

本にする以上、そこに書かれることはあなたにしかできない内容ではいけません。どれだけ優れた内容でも読者が実践できなければ意味がないのです。

あなただからできた、と言われないために

職業柄、多くの経営者にインタビューする機会があります。創業当時からの苦労エピソードもあれば、採用や営業のノウハウに関することなど様々ですが、どの経営者もドラマチックな人生です。インタビュアーとしてだけでなく、ひとりのビジネスパーソンとしても学びが多く、ワクワクする好きな時間です。

倒産寸前状態から立て直した話や、社員がある日突然辞めてしまった話など、それ

だけで一冊の本にできそうな話が山のようにあるのですが、もしこれらのエピソードをそのまま本にしたらどうでしょうか。再現性という観点だけでみると、そうした本の再現性はおそらくあまり高くないでしょう。

どん底から這い上がった経営者の本は実際にいくつも出版されていますが、そのような本はどちらかといえば「読んで励まされる」「憧れが強くなる」ような本であり、同じ境遇にいる読者が、著者と同じ結果を得られるものではありません。本の企画の内容によって再現性をあまり意識しなくてもいい場合もあるかもしれませんが、本書で扱っている実用書やビジネス書は再現性を大切にします。

では、再現性の高い本であることを読者に示すには、何をすればいいでしょうか。それは、客観的かつ具体的な事例やデータを示していくことです。例えば、ダイエット本を例に考えてみましょう。著者ひとりの成功体験だけでは「著者は痩せやすい体質だった」と言われかねません。しかし、同じ方法で成功した複数の事例があれば、読者は「自分にもできるかもしれない」と期待できるようになります。もしあなたがダイエット本の著者になるなら、あなたが提唱する方法で実際に痩せた人の体験談や写真あるいはデータを掲載することで再現性を証明することができます。その際に、年齢や職業、あるいは生活環境の異なる複数の事例を紹介すると、特定の人たちだけに効果があるわけではないことを客観的に伝えることができるのです。

著者によっては、本に掲載するためにサンプルをつくったり、モニターを募ったりする人もいます。本に掲載するロジックやノウハウが正しいかどうかを検証し、うまくいかなかった場合は、そこが読者のつまずきポイントになるかもしれないと考え、解決策を本に記載するようにします。再現性は、このようにして高めていくのです。

セミナーだと思ってスライドをつくってみる

自分のノウハウがまとめられない、どんな素材を集めていいかわからずに手が止まってしまうという著者は意外と多いものです。そんなときに効果的なのが、セミナーのスライドをつくるように考えてみることです。

実用書やビジネス書の著者は、すでにいくつかのセミナーを開催している人も多いでしょうから、本の企画内容でセミナーを開催するとしたら、どんなことを話すべきか考えて、頭の中を整理するのです。

セミナーでは、受講者に「わかった」「できそう」と思ってもらわなければ、次の機会につながりません。ですから、受講者の理解度を確認しながら、段階的に説明を組み立てる習慣が自然と身についているはずです。これを本に置き換えると、企画内容がセミナーのテーマ、読者はセミナーの受講者というふうに想定することができます。本の場合、時間換算すると大体10~12時間分のセミナー資料があれば、一冊分になります。

例えば営業の本なら、営業パーソンとしての考えかた、アポイントの取りかた、商談での信頼関係の築きかたといった具合にそれぞれのテーマについて、実際にセミナーで話すように、具体例やエピソード、図解などを盛り込んでいきながら、つくります。

この方法のいいところは、自然と読者目線になれることです。

セミナーでは、受講者の反応を見ながら説明の順序や難易度を調整します。同じように、本でも読者の理解度を想像しながら、内容を組み立てることができます。

作成したスライドは、そのままブックライターに渡すこともできますし、自分で執筆する際の素材としても活用できます。また、出版後にセミナーを開催する際にも、このスライドが基礎資料としても使えるはずです。実際、本の内容をベースにしたセミナーを開催する著者も少なくありません。

手間だと思うかもしれませんが、セミナーが得意な人はこの方法で素材出しをするほうがスムーズにいくという人もいます。

本では、すべてを出し切る

例えば何かのセミナーに出かけ、ノウハウを教えてもらえると思っていたら終始自慢話で終わってしまった。そんなセミナーだったら、誰もがガッカリするはずです。これは本も同じ。読者の期待を裏切らないためには、素材出しは出し惜しみせず、すべてを出し切ってください。

近年、電子書籍のように誰もが気軽に出版できるようになりました。それ自体はいいことだと思うのですが、出版の裾野が広がった代わりに、読者を無視した著者本位の本も増えたように感じます。

例えば、本のタイトルで約束した内容をほとんど書かず、読者を自分のサービスに誘導している本もあります。仮にも自分のお金で購入した本に、「もっと詳しく知りたい人はメールマガジンで説明しています」や「ＬＩＮＥで特別な情報を発信していますと」と書いてあったら、あまりいい気分になりません。著者プロフィールなど、本文とは関係のないところに記載があるぶんには問題ありませんが、本文でそれをやると、まずレビューが荒れます。

読者は本を買った時点で、そこに書かれている内容を理解して実践すると自分の課題が解決できると期待しています。くどいようですが、本は読者との約束を果たすものであり、読者の期待に応えるものです。

自費出版なら何を書いてもいいかもしれませんが、少なくとも商業出版で勝負するなら、誠意をもって本づくりに臨むべきだと思います。

04

類書はどこまで参考にできる？

ノウハウは盗むとバレる

自分のコンテンツを整理していく過程で、「思っていたほど素材がない」と思ったときは、ライバルの本となる「類書」が参考になります。書店やネットで、自分の本と同じジャンルの本を探し、ライバルとなる本がどのような切り口で書かれているか、どんな特徴があるかをチェックしてみてください。ひと通り類書に目を通すと、自分の本をどう差別化すればいいか、独自性をどこに出すかについてのヒントが得られます。

類書を読むと、「この人はうまく説明しているな」とか「このコンテンツはいいな」と素直に思えるものが出てきます。すると、魔が差すのか「自分のノウハウ」として自分の本でも紹介しようとする著者がまれにいます。しかし、これは絶対にやってはいけません。他人の本はもちろん、ブログやＳＮＳの投稿内容、セミナーで聞いた話なども、無断で使用するのは避けてください。

世の中に本はたくさんあるのだから、どうせバレないだろうと思って「この本に書いてあることを使ってほしい」と口にする著者も残念ながらゼロではありません。コンテンツの盗用は必ずどこかでバレます。例えば、そのノウハウの原著者が本を読んで気づくかもしれません。あるいは、両方の本を読んでいる読者が気づくこともあります。最近では、ＳＮＳですぐに拡散される可能性もあります。

たとえＳＮＳでさらされなくても、言わないだけで気づいている読者は必ずいます。そうした読者は二度とあなたの本を手に取らないでしょう。

盗用は著者自身の首を絞めることにしかなりません。たとえ行き詰まっても、安易な解決策を取らず、正攻法で乗り越えていきましょう。困ったときは、まず編集者に相談です。

差別化のヒントを得るのはＯＫ

盗用は絶対にいけませんが、参考にするのは構いません。

ただしそれはあくまでも、類書を調べることで、自分の本のオリジナリティを見出すヒントを得るためです。類書を確認する場合に着目すべき点は、自分が出そうとしている情報に不足がないかという点です。例えば、会社設立の方法について書こうとしている場合、基本的な手続きの説明は当然として、設立時期の選びかたや、必要な費用の目安なども読者は知りたいはずです。これらの情報はどの類書を見ても同じ内容が載っていますから、前項で触れたように「欠かしてはいけない情報」というわけです。ですが、それ以外の情報はと見てみると、それぞれ異なる切り口で独自性を出していることがわかります。ある本は税務や会計の視点を重視し、著者独自の節税ノウハウを詳しく解説している一方で、別の本は最新の資金調達方法に焦点を当て、クラウドファンディングや補助金を活用した資金調達方法について紹介しています。他には、設立後の会社運営に力点を置いた本もあります。

このように、「欠かしてはいけない情報」以外のところで、重点的に取り上げている要素がその著者らしさを表すコンテンツであるということになります。

ブックライターが本を書くときも、必ず類書のチェックは行います。類書分析は「自分にしか書けないことは何か」を考えるきっかけにもなりますのでおすすめです。マネるためではなく、差別化のヒントを得るためにたくさんの類書に目を通してみてください。

05

自分の主張に説得力を持たせるコツ

世の中の動きと結びつけてみる

一方的に「私はこう思う」と書かれているだけの本は、あまり説得力がありません。もちろん、著者の主張だけで十分商品価値の出る本もあることは確かです。ですが大半は、なぜ今それが必要なのかという背景がなければ、あまり読者の心には響かないものです。

自分の主張を聞いてほしいとき、あるいは相手を納得させたいときに効果的なのは、世の中の動きやトレンドと関連付けて説明することです。

例えば、副業に関する本を書く場合を考えてみましょう。

単に「あなたは、副業で収入を増やしましょう」「毎日、満員電車に乗って会社へ行かなくてもよくなるかもしれません」と呼びかけても、あまりピンときません。著者の言い分ばかりを押し付けるだけになってしまい、副業をしなければならない緊急性や重要性が伝わってこないからです。

そこで加えたいのは、なぜ今、副業が注目されているのかを説明することです。政府が副業や兼業の促進を積極的に進めている現状を伝えたり、給料がここ数年上がっていないという統計データを見せたりする。いつまで続くのかわからない物価高の状況、あるいはこの先の未来にかかるお金の総額を伝えるなどすると、一気に説得力が増すので、読者も書かれていることを受け止め、現実的に考えるようになります。

このように、世の中の動きと自分の主張を結びつけることで、「なるほど、だから今これが必要なのか」という理解が生まれます。

素材を集める段階で、自分の企画に関連する社会の動きやデータを探してみましょう。新聞やニュースサイト、政府統計など、信頼できる情報源から適切なデータを集めることで、主張の説得力は大きく高まります。ただし、古すぎるデータや出典が不明確な情報は避け、できるだけ新しく、確実な情報を使うようにしてください。

くりかえしますが、統計や論文データを引用する場合は、一次情報を活用するようにしてください。一次情報とは、「友人がこう言っていた」「知り合いの社長がこんな話をしていた」といった情報のことではなく、調査や実験を通じて直接得られたデータのことです。ここには、著者自身の体験も一次情報に含まれますが、より客観性を持たせるためには、信頼できる外部データを組み合わせるほうがいいでしょう。例えば、国の統計データや公的機関が発表した調査結果、学術論文などです。

これらの公的なデータは、出典を明記すれば基本的に引用が可能です。ただし、民間企業が実施した調査やレポートを使用する場合は十分注意してください。企業のデータを無断で使用すると著作権の問題になる可能性があり、使用する際は必ず企業の許可を得なければならないからです。さらに入稿前のデータも確認してもらわなければならないなど、いろいろと面倒です。どうしても使わなければいけないなら仕方ないですが、なるべく使わずに説明できるといいです。

06

ライターからインタビューを受ける場合

ヒアリングはどのように行われるか

ブックライターに原稿を任せる場合、ブックライターが素材を集めるためにヒアリングを行います。人によって異なりますが、一般的なヒアリングは全5回程度、合計で約10時間かけて行われます。ここでは、ヒアリングがどのように進められていくのかを説明していきましょう。

初回のヒアリングでは、顔合わせを兼ねてあなたの経歴や、ビジネスの内容、どんな想いでそれに取り組んでいるのか。あるいは今回の出版の経緯などについて話をします。他にも、本の中で触れる予定の事例やエピソードについても、概要を確認されます。この時点では細かい内容までは踏み込まず、全体像を把握することが目的です。

2回目以降は、あなたのノウハウや方法論の核となる部分について、詳しく聞かれます。例えば全部で6章立ての本なら、1回で1~2章分を一気にヒアリングするイメージです。1回あたりのヒアリングが2時間と考えると、最初から最後まで細かくヒアリングしていては、とても終わらないことがおわかりいただけると思います。

ですからライターは、各章の要点を事前に把握しておき、「これについてはどんなふうに考えていますか？」等、自分では調べきれなかったところを中心にヒアリングするようにします。

よく、著者が本に書かれていることをすべて話していると思っている人がいますが、そうではありません。ブックライターはあくまで忙しいなど様々な事情で本を書くことができない著者の代わりですから、極力負担のないようにヒアリングを行っていきます。そもそも、著者がすべて話すほどの時間があるなら、自分で書いたほうが早いですから。

ヒアリングは対面で行われることもありますし、オンラインで実施されることもあります。1回のヒアリングは約2時間が目安です。これ以上長時間になると、集中力が続かなくなってしまうためです。そのため、1回につき2時間分話せる内容は準備しておくことをおすすめします。

ヒアリングの際は、できるだけ具体的なエピソードや数字を交えて説明すると、よりわかりやすい原稿になります。「こういうケースではこうする」といった具体例や、「この方法で成果が3倍になった」といった数値があると、ライターも理解しやすく、結果として読者にも伝わりやすい内容となります。

事前に準備しておくこと

2時間分の話ができるような準備と言いましたから、具体的にどんな準備が必要かについて補足しておきます。最も基本となる準備は、目次に沿って伝えたい内容を整理することです。確かにライターにヒアリングをしてもらえばいいので、3章で主に書いてきたような素材集めをゼロからはしなくてもいいですが、本当に何も準備していないとヒアリングとして成立しません。

各章で説明するポイントや、読者に必ず伝えたい重要事項を、メモ程度でもいいので書き出しておきましょう。そうすることで、ヒアリングの際にスムーズに説明できます。

多くの場合、ヒアリングが始まる前には、ライターから質問リストが送られてきます。本の構成に沿って、必要な情報を引き出すために用意されたものですから、事前に目を通して、質問に答えられるようにしておくと安心です。特に具体的な数字や事例を求められる質問には、正確な情報を用意する必要があります。ヒアリングをしていると、「多分データがあるので、後で確認してみますね」といったやりとりが結構あります。ヒアリングは雑誌の記事の取材のように一度きりではありませんから、慌てなくてもと思うかもしれませんが、それを続けていると、一度のヒアリングで聞ける内容が限られてしまうので、結局ヒアリングの回数が増えたりして自分の首を締めることになります。

本文中で使いたい資料やデータがあれば、ヒアリングの時に提供できるようにまとめておきましょう。自社の調査データやお客様の成功事例、業界のトレンドに関する資料などがあると、ライターはその場でその資料についても掘り下げてヒアリングでき、具体的かつ説得力のある原稿をつくることができます。

ライターが書く原稿は、ヒアリングの際に著者が話した内容と受け取っている資料をベースに執筆します。ですから「自分のコンテンツだし、大枠は頭の中にあるから」などと言って、ライターから届いた質問表を眺める程度でヒアリングに望むことはおすすめできません。もし著者が事前準備もそこそこでヒアリングに望み、その場の思いつきでライターからの質問に答えていたら、恐らくライターが書き上げた原稿を見て「この話も入れたい」「あの話も入れたい」と思うようなことが起きてしまいます。「もっといい原稿にしたい」という気持ちは理解できますが、この段階で多少の加筆修正はできたとしても大筋の話の流れから転換をはかるようなことはスケジュール的にみて難しい話です。もちろん、ライターもいい本をつくりたいですから、類書を読んだり情報を集めたりして理解を深めるために準備をしてヒアリングに臨みますが、それはあくまでヒアリング時に著者の話を理解するためであり、話にも出なかった著者のコンテンツを汲み取るまでのことはできないことは、お分かりいただけると思います。

また、「社内のメンバーを同席させてもいいですか」と訊かれることがあります。もちろんダメではありません。ですが、個人的にはヒアリングは著者ひとりで受けることをおすすめします。実際に何度か経験がありますが、複数の人が回答すると、話の方向性が定まらず、ライターが混乱してしまう可能性があるからです。もし他の人の同席が必要な場合は、著者が中心となって答え、同席者には補足程度の発言に留めてもらいましょう。

その際、本に掲載する内容については、事前に社内で合意を得ておくことも重要です。著者と同席者で考えかたや方針が異なると、ヒアリングの場で意見が食い違ってしまう可能性があります。

資料を渡せば勝手にできる、ではない

「これまで動画を撮りためているんで、それをみて書いてもらえませんか」と言われることがあります。著者の中には、すでにセミナー資料やＹｏｕＴｕｂｅの動画コン

テンツを持っている人も多いですから、すでにあるコンテンツを活用して原稿を書いてもらいたくなるのはわかります。

確かに、これまで蓄積してきたコンテンツは本づくりの貴重な素材にはなりますが、それだけで本ができあがるわけではないので、「資料を渡せばあとは勝手にやってくれる」と考えないようにしましょう。

セミナー資料や動画コンテンツなどは、あくまで著者のビジネスや考えを理解するための補足資料であり、ヒアリングの代わりになるものではありません。

既存のコンテンツをそのまま本にできないのは、目的やターゲットに違いがあるからです。もし、既存のコンテンツが出版企画の内容に沿ったものなら、本の素材としても十分活用できると思いますが、だからといって、ヒアリングの時間がゼロになることはありません。

本業が忙しく、ヒアリングを省略したがる人もいます。確かに、何度も時間を取られるヒアリングは面倒に感じるかもしれません。ですが、ヒアリングを通じて著者とライターが対話を重ねることで、これまで気づかなかった新しい切り口が見つかることがありますし、「なぜそうしたのか」「どうしてその方法を選んだのか」といった質問に答えていくうちに、自分でも気づいていなかった重要なポイントが明らかになることも少なくありません。

何より、書き手であるライターに自分の意図をしっかり伝えることができるので、あなた自身とライターの間で起こる食い違いなどが少なくなります。

結局のところ、いい本をつくるためには著者とライターのコミュニケーションが大事なのです。既存のコンテンツは活用しつつも、本という形で情報を再構築していく。その過程では、著者であるあなたの力が必要になります。

ライターと合わない場合の対処法

誰にでも、合う人と合わない人がいます。

仕事では、たとえ合わないと感じる人でもうまく付き合うことが求められているかもしれませんが、どう考えても難しいという場合があります。

この出版というプロジェクトも例外ではありません。例えばあなたがブックライターに依頼する場合、相手のブックライターはあなたの代わりとなって本を執筆するわけですから、著者のことをよく理解しなければなりません。当然、ライターも仕事ですから必要なことは行います。でも、「自分の言いたいことが伝わっていない」「話が噛み合わない」といった違和感を著者であるあなたが覚えることもあります。

何かおかしいと思ったら、早めに編集者に相談しましょう。「こんな部分で違和感がある」といった具体的な内容を伝えることで、編集者も適切な対応を考えやすくなります。中には「ライターを変えてほしい」という著者もいますが、本音をいうと、ライターの変更は簡単なことではありません。新しいライターを探すところからやり直しとなり、スケジュールにも影響が出てきます。そのため、違和感を覚えた時点で編集者に相談し、早めに対策を練るほうが賢明です。

Chapter 04

目次とプロットをつくろう

何もないところから目次をつくるコツは

本の階層構造を知っておこう

素材を出し終えたら、目次づくりをしていきます。ですが、何もないところから目次をつくるのは至難の業、何が正解なのかわからず戸惑ってしまうはずです。編集者やライターが次々に本をつくっていけるのは、ある一定のルールやパターンに沿っているからです。ここではそのルールやパターンについて学んでいきましょう。

最初に知識として知っていただきたいのが、本の階層構造です。

本は、大きく「章」「節」「項または見出し」と三つの階層で成り立っています。章は三つの構成要素の中で最も大きい単位で、チャプターと呼ばれることもあります。

章をいくつか立てることで企画書にあるテーマを説明していきますが、一般的なビジネス書だと大体6～8章におさまっています。初めての執筆なら6章立てくらいがちょうどいいでしょう。

次に節は、章を説明するために必要なまとまりで、セクションと呼ぶ人もいます。一つの章につき、五つくらいの節を立て、章で伝えたいことを説明していきます。さらに節の下には、項または見出しが存在します。例えば一つの節を２０００字と想定したとき、それだけ長い文章を読み続けるのは読者にとって負担になります。ですから、適当なところで見出しをつけ、詳細に

本は章・節・項の階層構造になっている

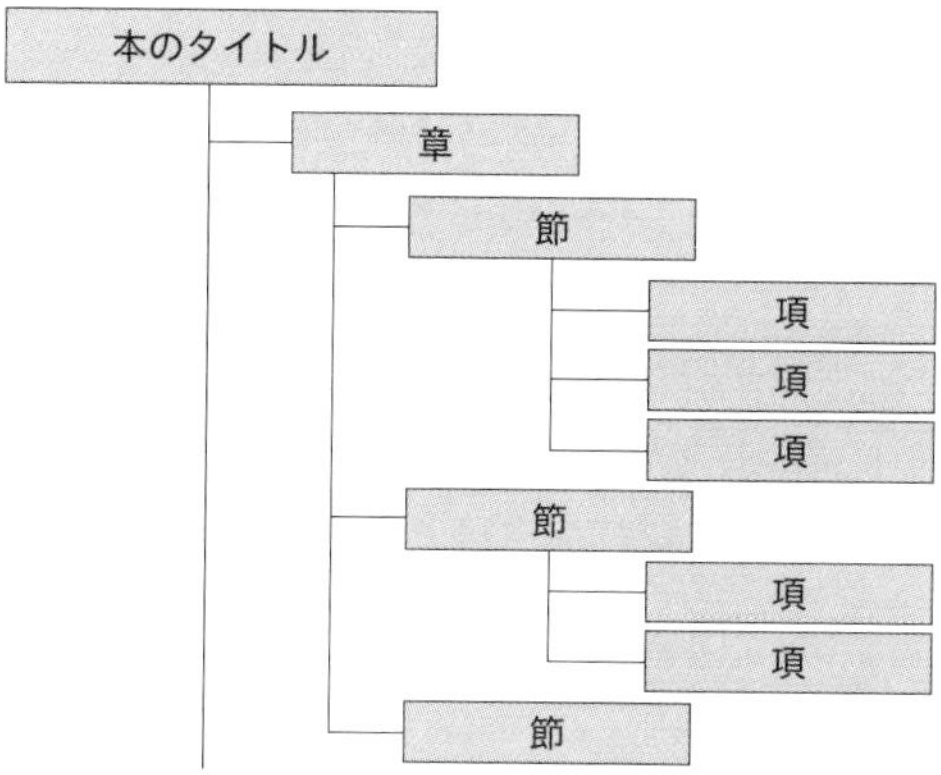

文章を分けながら話を読みやすくすることが必要になります。

目次には二つのパターンがある

本の階層構造がわかったら、目次をどのようにつくっていくかについて説明します。目次にはいくつかのパターンがありますが、本書ではよく使われている二つのパターンを紹介したいと思います。

目次のパターンとして覚えておきたいのは、直列型と並列型です。直列型とは、順番やプロセスなどが大切になるテーマでよく用いられるもので、順を追って段階的に話を展開したいときに使います。一方並列型は、順番やプロセスなどがないテーマで用いられ、話を対立させたいときや、複数の話から共通点を見出して説明したいときなどに使います。

直列型や並列型のイメージは、学生時代に行った電流の流れの実験を思い出していただくのがわかりやすいでしょう。難しく考えず、読者にどちらのパターンで説明すれば伝わるだろうかと考えてみてください。

直列型と並列型の違いを比べていただくために、ここに「ビジネスメールの書きかた」をテーマにした二種類の企画があると想定して考えてみましょう。ビジネスメールの書きかたといっても、様々な切り口の本があります。例えば、社会人1年目の若手がマナーやルール、書きかたなどをひと通り学ぶためのもの、うまくメールの文章が書けずに時間がかかってしまう人のためにパターンやシチュエーション別に文例を紹介したもの、仕事ができる人のメールの書きかたや思考法などを紹介したものなどです。

今挙げた三つをそれぞれ直列型と並列型にわけると、ビジネスメールのマナーやルール、書きかたなどがひと通り学べる本は直列型。メールの文例を紹介する本は並列型、メール術の本は直列型となります。

直列型の目次のイメージ

直列型の目次は、手順やプロセスを重視する型ですから、スタート地点に立っている読者が、確実にゴールに辿り着くようにガイドしながら話を進めていきます。先ほどのビジネスメールのマナーやルールを例に考えてみると、目次イメージは次のようになります。

1章：ビジネスメールの基本ルールとマナー
2章：基本的なビジネスメールの書きかた
3章：好かれるメールと嫌われるメールの違い
4章：よくあるビジネスメールのトラブル
5章：効率的にビジネスメールを書くコツ
6章：ビジネスメールの用例集

この企画の場合、想定される読者はビジネスメールに慣れていない（もしくはよくわかっていない）社会人1年目のビジネスパーソンです。ですから、友達同士で送り合うメールとビジネスメールでは何が違うのかなど、ビジネスメールの基本ルールを最初に伝える必要があります。ビジネスメールについて前提を理解したら、次は書きかたを教えるのが2章です。

ここからもわかるように、1章はこれから話すテーマについて、読者に知っておいて欲しい基礎知識や前提条件、自身の考えかたなどを入れるようにします。次の2章では、テーマの全体像や肝になる話を中心に展開していきます。2章は、旅に出る前に地図を示してあげ、道に迷わないようにする役割があると考えていただければいいでしょう。


3章から5章までは、具体的な方法論や著者のノウハウを紹介するところです。読者のつまづきやすいところをあらかじめ取り上げて説明したり、様々な事例を踏まえて読者が使いこなせるように導いたりしてあげます。

最後の6章は、本で学んだことを実践したくなるような内容にして、本を通して読者の行動や変化の背中を押してあげるようにします。

先ほどのビジネスメールの書きかたですが、同じ考えかたで次のような目次もつくることができます。仕事ができる人のメールの書きかたや思考法を伝える内容で想定される読者は、毎日のメール処理に時間がかかり効率化できないかと考えている人や

「仕事ができる人」だと評価されたい、ビジネスの成果をもっと上げたいと考えている人です。

1章では読者が毎日どれだけメール処理に時間を奪われているかを伝え、読者に「それはやばい」と改めて自覚してもらうような内容にしています。また2章では、ビジネスメールの要点を押さえることで、ただ素早く処理するのではなく、メール処理のコツがつかめるように理解を促しています。3章から5章までは先ほどと同様に著者ならではのノウハウを紹介し、6章ではより優れたビジネスパーソンに近づくためのメール処理に関する小技を紹介する流れになっています。

1章：1日3時間もメールに縛られるビジネスパーソン
2章：ビジネスメールで最も大事なこと
3章：3分ルールで誰でも即レスできるようになる
4章：即レスするためのテクニック
5章：コピペで使える文章パターン
6章：「仕事が早い」と言われる小技集

並列型の目次のイメージ

順番やプロセスなどがないテーマで用いられ、話を対立させたいときや、複数の話から共通点を見出して説明したいときなどに使うのが並列型の目次です。こちらも直列型の目次と同様に、メールの文例を紹介する本を想定して目次を考えてみました。

1章：ビジネスメールは考えなくてもいい
2章：ビジネスメールの基本構成と共通文
3章：商談・交渉のときのメール
4章：お礼を伝えたいときのメール
5章：お詫び・クレームのときのメール
6章：季節の挨拶・特別なときのメール

並列型の場合、1章と2章は直列型と同様の考えかたで構いませんが、3章以降が異なります。直列型は順番通りに紹介するのが基本でしたが、並列型の場合はこの目次からもわかるように、順番が入れ替わっても流れに影響しないのが特徴です。

こちらは「用例・パターン」を並列で紹介するものでしたが、同じ並列でも少し違うパターンのものを一つ紹介しておきます。

1章：好かれるメール・嫌われるメール
2章：好かれるメールを書く人の共通点
3章：好かれるメールの特徴
4章：嫌われるメールの特徴
5章：いつものメールを好かれるメールに変える方法
6章：メールで相手を怒らせてしまったら

こちらは、同じビジネスメールを題材にしていますが、メールコミュニケーションを軸にした並列型の目次です。好かれるメールと嫌われるメールの違いにスポットを当て、両者を対比させながら話を展開させています。

このように、同じテーマでも企画の切り口によって目次の立てかたが変わります。大切なのは読者にとって親切かつわかりやすいストーリーになっていることです。これらの型はあくまで型ですから、とらわれる必要はありません。どんなふうに伝えるのが一番わかりやすいのかを先に考え、その上でこれらの型を参考にしてみてください。

目次が立ち、章の流れが決まったら、それぞれの章に入れる節や項について考えていきます。節や見出しの流れについても、先ほど説明した直列型と並列型を意識しながら並べていくといいでしょう。いきなり節や項の詳細を考えるのではなく、最初は、あらかじめ集めた素材をどの章にいれるべきか分類するところからです。

ここから素材の分類について話していきますが、ここまでで決めた章の流れはあくまで青写真です。実際に素材を章にはめてみると、この通りにいかないこともありますので、まだこの段階では柔軟に変えていいものなのだと捉えてください。

共通する手順や工程があるときは

料理本に多いのですが、基本となる手順や工程があるときや、最初の動作として共通している場合は、共通している部分だけを最初に紹介し、毎回同じ説明をする手間を省きます。

例えばイタリアンパスタのつくりかたの本なら、どのレシピにおいてもパスタの茹でかたは同じはずですから、最初に「基本のパスタの茹でかた」を紹介し、その後から「ペペロンチーノ」「ボロネーゼ」「カルボナーラ」と、様々なレシピを紹介します。ビジネス本やパソコン書であっても、同様です。

02 集めた素材を整理し目次にはめていこう

企画に合わない素材を取り除いていこう

3章でひたすら出した素材と先ほど説明した目次の型を参考にしながら、どこにどの話を入れるかについて考え素材を精査していきます。

素材を集め始めると、ついつい欲張って様々な情報を入れたくなるものです。特に初めて本を書く著者は「せっかくだから」と、手持ちの情報をすべて盛り込もうとする傾向があります。しかし、必ずしも読者にとってすべて必要なものだとは限りませんので、再度企画書を確認しながら、どのような話を盛り込んでいくのか、具体的なシナリオを組み立てていきます。

時折、業界の人からどう評価されるかを気にするあまり、過度に専門的な内容を入れてしまうケースがあります。「これくらいは書いておかないと、専門家から批判されるのでは」「業界の人からの評価が下がるのではないか」という不安があるからか、読者にとって不要な情報まで盛り込もうとしてしまうのです。

その気持ちはわからなくもないですが、全くもってどうでもいいことです。大切なのは業界からの評価ではなく、読者の満足度。例えば、普段大人の英語学習者を対象にビジネスを行っている人が、幼児向けの英語教材を出しても、そのことを疑問に思う人はいないはずです。専門家として、読者にしっかりと照準を合わせていれば、読者からの評価は必然的に高くなりますし結果的に業界からも評価されるはずです。

本を書いていると、どうしても自分の知っている業界のあの人やこの人の顔が浮かびます。中にはライバルの顔がチラチラと浮かんでくる人もいるでしょう。普段意識している人からどう思われるかが気になってしまうのです。でも、それだけで読者を無視するような本にするのは、あまりに自己満足が過ぎています。素材選びの時点から、しっかりと読者の顔をイメージし、精査するようにしてください。もしも不安な場合は、必ず編集者に相談するようにしましょう。

また、企画に沿った素材が十分に集まっているかも確認してください。例えば「30日で日常英会話が身に付く本」という企画なら、30日分のステップが明確に示せているかを確認します。「未経験でもできる副業の始めかた」なら、本当に未経験者でも実践できる方法が揃っているか。自分の集めた素材を俯瞰的に見直し、足りない場合は新たに加えておきましょう。

章の流れに沿って、素材をカテゴリや話題でまとめてみよう

ここでは、集めた素材を、章の流れに沿うように仕分けていきます。例えば直列型の目次のところで紹介した新卒・若手向けのビジネスメール本では、1章を「ビジネスメールの基本ルールとマナー」という章タイトルにしました。

とすれば、1章に入れたい素材としてどのような内容が相応しいでしょうか。

例えば次に挙げた要素のうち、1章に含むべきなのはどれだと思いますか。また、同じカテゴリもしくは話題で括るとしたら、どれとどれを括れそうでしょうか。

・ビジネスメールとは
・普通のメールとの違い
・ビジネスメールの構成要素
・TOとCCの使い分け
・BCCの適切な使用方法
・複数の宛先がある場合の注意点
・件名の付けかた
・返信のタイミング
・自動返信の活用方法
・添付ファイルの扱いかた
・セキュリティ上大切なこと
・お詫びメールを書くときのコツ

これらの要素のうち、多くは1章の素材として適していますが、自動返信の活用方法やセキュリティ上大切なこと、お詫びメールを書くときのコツは1章の話題に沿っていません。それ以外の要素を見ると、残る素材は「基礎知識の話」「宛先の話」「返信の話」「知っておいたほうがいい話」というカテゴリで括れそうです。

括った三つのカテゴリは節の役割、括られた話題はそれぞれ項として考えると、1章の中に節と項が誕生します。このように、素材を目次に当てはめていくときは、あなたが集めた素材をまずは章ごとに分類し、そこから素材同士の共通点を探しカテゴライズをする。生まれたカテゴリを節として、節の順番を考える。最後に、節として括られた各話題の順番を考え整える、という流れで行っていきます。

一般論とオリジナルに分けてみよう

素材を分類したり節として括ったりする際に、「一般論」と「オリジナル」という2軸を意識すると自分のコンテンツの魅力がわかりやすくなります。一般論が、多くの人にとってすでに知られている普遍的な内容であるのに対して、オリジナルはあなたならではの経験や独自の視点から生まれた知見です。

先ほどから何度も登場しているビジネスメールを題材にすると、「ビジネスメールのタイトルは簡潔に書く」というのは一般論で、「メールタイトルの先頭に【】をつけ、自分の名前や緊急度を記載すると確認されやすい」というのはオリジナルになります。

一般論とオリジナルはそれぞれ役割が異なります。一般論は基本的な概念を伝えるのに必要ですが、オリジナルは著者の独自性を際立たせたり、読者に新しい発見をもたらしたりします。一般論とオリジナルの割合は、本の企画によって調整が必要です。入門書であれば一般論を多めに、実践的なノウハウ本であればオリジナルな内容を多めにするというように、読者のニーズに合わせて検討する必要がありますが、まずは集めた素材を見ながら、「これはどちらだろう」と分けておくのがいいと思います。

ちなみに章や節を組み立てる際は、一般論から入り、それに関連するオリジナルな経験や独自の手法を続けるという流れを意識してください。すでにお伝えしたように、いきなり知らない人から主張されても、理解できずに流されてしまうからです。自分のノウハウを受け入れてもらうためにも、一般論をきちんと伝えることは欠かせません。

独自メソッドが生まれないか考えてみよう

素材を一般論とオリジナルに分けることができたら、そこからあなた独自のメソッドを生み出すことができないか考えてみましょう。

ビジネス書でよく目にする「3ステップ式」「○○メソッド」「△△サイクル」などは、著者の経験やノウハウを読者が実践しやすい形に体系的に整理したものです。独自メソッドをつくるのは必須ではありませんが、こうしたものがあると読者にとってもあなたのノウハウを身近に感じることができ、取り組みやすくなります。

独自メソッドをつくる際は、次のような視点で模索してみましょう。

●成功事例に共通点がないかを探してみる

これまでの成功体験や事例、ノウハウの中からなにか共通するものがないかを探してみてください。例えば「新規開拓で高い成約率を上げている」という経験があるとして、具体的に何をしているのか、どんな順序で行動しているのか、どんな工夫をしているのかを、できるだけ詳しく書き出します。例えば、「○○があると、必ず××になる」といった法則性やルールが見出せると体系化しやすいです。

●取り組む順番や工程をシンプルにできないか

読者はわがままです。説明が長過ぎたり、工程が複雑だったりすると読んではくれても実践してもらえません。ハードルを下げ、読者が「すぐに取り組める」「これならできそう」という気持ちになるようにしてあげると親切です。

それには、まず取り組む順番や工程を書き出し、数ステップくらいにまとめられないかを考えてみます。例えば料理なら、つくるまでにいくつかの工程があるはずです。でもそれを「切る」「混ぜる」「炒める」の3ステップでまとめ、掲載するレシピのすべてが3ステップで完結するようにできれば、あなた独自のメソッドが完成します。

順序や工程をシンプルにするには、次のような方法があります。

・3〜5つのステップに分ける
・サイクル（循環する手順）として表現する
・チェックリスト形式にまとめる
・図式化して表現する

独自メソッドになりそうな要素が見つかったら、そのメソッドに名前を付けてみましょう。名前は、覚えやすいかどうか、内容がイメージできるかどうか、簡単そうに思えるかなどが大切です。無理やり独自メソッドをつくろうとすると、想像もイメージもできないような名前をつけてしまいがちなので気をつけてください。

メソッド化したら、実際に他の人に試してもらってください。例えば、職場の後輩や同僚に実践してもらい、手順はわかりやすいか、気軽に実践できそうか、うたった効果は得られそうか、つまずきやすい箇所はないかを確認していきます。

必要以上に複雑にせず、読者が実践するときのことを考え、極力シンプルなメソッドにするようにしてください。

章、節、項の階層になるよう並べてみよう

素材を分類し、カテゴリ分けができたら、いよいよ階層構造をつくっていきます。後から紹介するようなプロットシートを活用しながら、実際の目次としてイメージできるように並べていきましょう。最初からすべて目次にはめていこうとすると量が多くなり混乱してしまいますので、まずは章と節だけを埋めていきます。

プロットシートの章と節の部分が埋まったら、流れを確認してみてください。話の流れとして違和感のある箇所がないかを確認したら、プロットシートの残りを埋めていきます。ここで重要なのは、各階層のつながりです。章から節、節から項へと、話の流れに一貫性があることが大切です。例えば、「ビジネスメールの基本ルールとマナー」という章に、突然「効率的な文章の書きかた」という節が入ってくると、読者は

混乱するはずです。

また、各階層でボリュームのバランスも意識しましょう。一つの章の中で、極端に長い節や短い節があると読みづらくなります。本書もそうですが、同様に、一つの節の中でも、項のボリュームは可能な限り均等になるよう調整します。

もし、どうしても長くなってしまう節や項がある場合は、さらに分割できないか検討してみましょう。逆に、短すぎる場合は、他の節や項と統合できないか考えてみます。

プロットシートの見本

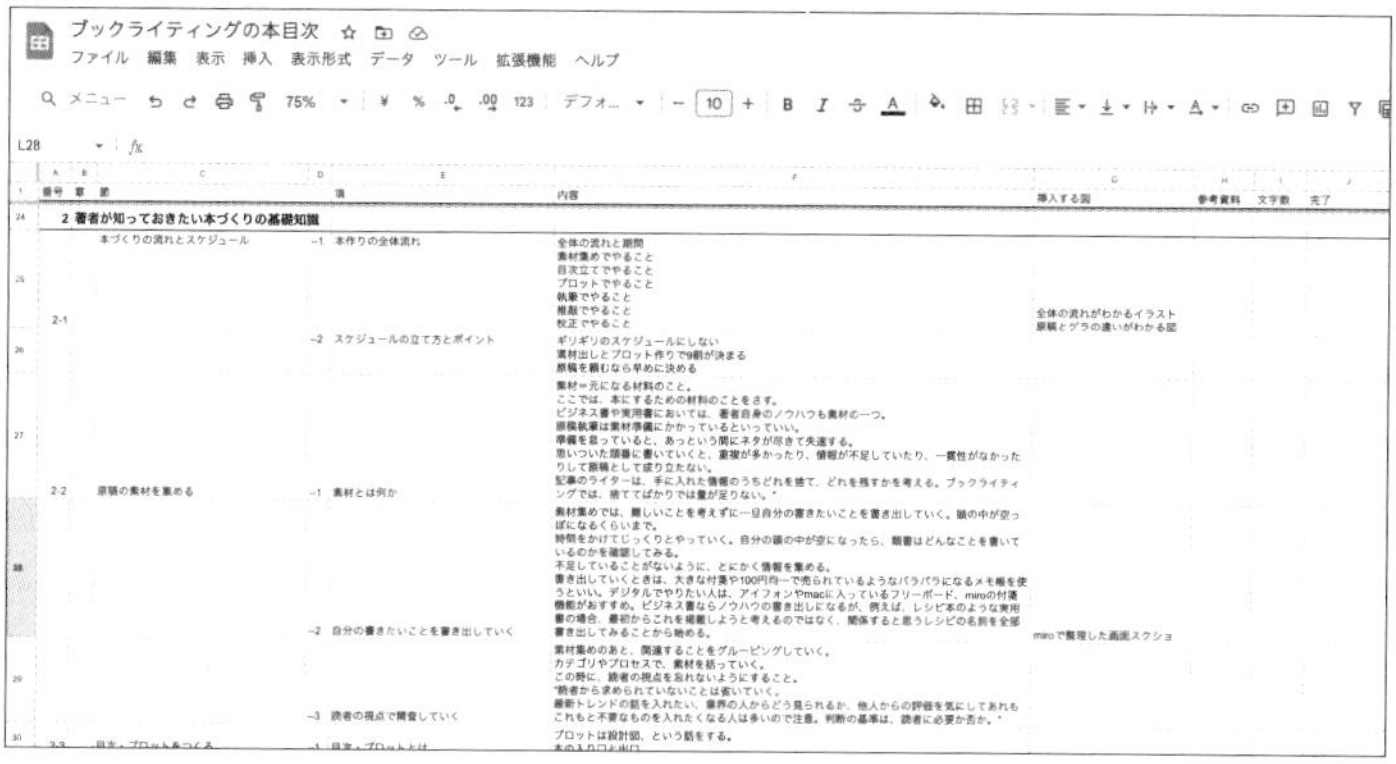

1章がとにかく大事と言われる理由

本づくりでは、1章が特に大事と言われます。なぜなら、1章は読者が本を読み進めるかどうかを決める箇所だからです。読者は、1章が難しすぎたり読みたいという気持ちが沸かなかったりすると、そこで手を止めてしまいます。読者が抱えている課題や悩みを明確に示しつつ、読者が「その通り！」「わかる、わかる」と共感したり「そうだったんだ」「知らなかった」と新たに発見できたりするのが理想です。1章は、読者との信頼関係を築き、本を最後まで読んでもらうところ。「最後まで読んでもらえるように」という意識を持って、1章の内容を組み立てていきましょう。

プロットの中身をつくり込もう

プロットに必要な要素は？

章、節、項それぞれにどんな話を入れるかが決まったら、内容の詳細を決めていきます。これからあなたには、プロットをつくり込んでいただくのですが、その前に本のプロットとして必要な要素を説明しておきます。

プロットには、これまで説明してきた章、節、項のそれぞれの内容と想定する文字数を入れておきます。プロットは、どんな話をどの順番で、何の資料を使いながら説明するかがわかるようにつくっていきます。

プロットづくりで大切な三つの要素

初めてのプロットづくりは戸惑いもあり、多くの著者がつまづくところですから、ここではプロットづくりで大切な三つのことについて説明していきます。

一つめは読者が何を求めているかを意識することです。

これから書く本は、読者が自分の悩みや解決したり欲求を満たしたりするための一冊になります。例えば「事業計画書の書きかたがわからず、何から手をつけていいのか迷っている」「原稿の構成がうまく立てられず、アイデアが散漫になってしまう」といった具合です。読者があなたの本に求めていることは、企画書に書いてありますので、プロットづくりの最中は、常に企画書を手元においておき、企画の内容とズレた話を書き込んでいないかを確認しつつ進めていきます。

二つめは「一つの項につき一つのメッセージ」のルールで書くことです。

プロットの内容を記入する際、各項目で読者に何を理解してもらいたいのか、どんな気づきを得てもらいたいのかを明確にしておきましょう。子どもの頃、毎週月曜日に全校集会が行われ、毎回校長先生が話をしてくれました。その校長先生の話がとても長く感じ、内心早く終わらないかと思っていた記憶があります。今でも、話が長いだけでつまらない人に接することがありますし、話題があちこちに飛び、結局何を言いたいのかわからない人もいたりします。みなさんも、普段の生活でそんな人に出会うことはないでしょうか。話が面白くない、あるいは長すぎる人に共通するのは、「話の中で伝えるべき核が決められていない」という点です。

ですからプロットでは、この話の中で一番伝えたいことは何なのかを決め、それを書き出しておいてください。「一つの項につき一つのメッセージ」のルールでプロットを作成すると、執筆時に話がブレなくなるだけでなく、読者も内容を理解しやすくなります。

三つめは「具体例やエピソード」を入れることです。一つの項で伝えたいメッセージを決めたら、その理由や具体例、エピソードなども一緒にプロットに書き込んでおきます。

エピソードを選ぶ際は、読者が自分の状況と重ね合わせられるような内容を選びましょう。あまりにも特殊な状況や、読者の実情とかけ離れた事例は避けたほうが無難です。

プロットづくりで原稿執筆の7割は完成するといってもいいほど重要なプロット。原稿執筆が楽になると思って、しっかり準備をしておきましょう。

図のイメージや参考資料も忘れずに書いておく

文章だけでなく、図表やイラストは読者の理解を助ける上でも大切です。本文を書いていると、途中で「この話は、図を示しながら説明したほうがわかりやすい」「読んでいるだけではわからないのでは？」と感じるところがあります。ちょうどこのプロットの話もその一つです。普段仕事で使っている私たちや過去に本を書いたことのある人なら話は別ですが、これから初めて本を書く人に対し、見本も示さずに話を進めてもなかなか理解してもらえません。文章だけに頼って読者の想像に任せるよりも、具体的なイラストや図、資料を提示したほうが読者は納得できるというもの。本文を書きながらその都度図を加えていると、それだけで執筆がストップしてしまいますから、プロットをつくる段階で、どのような図表が必要かもあらかじめ考えておきましょう。

まず、プロットに書き込みながら、図表が必要な箇所を見極めてください。例えば次のような場合は、図があると効果的です。

・複数の要素の関係性を示したいとき
・順序やプロセスを説明したいとき
・beforeとafterの違いを示したいとき
・数値データをわかりやすく伝えたいとき

図のイメージが決まったら、プロットに図をつくるためのメモを書いておきます。例えば、「○○の資料を掲載する」といった一言でも問題ありません。執筆時に、そのメモを見てどんな図を作成するつもりだったかが思い出せればいいのです。また、参考にしたい資料やデータがあれば、その資料のURLやタイトルなどを控えておき、スムーズに資料にアクセスできるようにしておきましょう。

気をつけなければいけないのは、図表や参考資料は著作権に触れる可能性が高いということです。例えば民間企業が発表している統計データやノウハウの図、あるいは芸能人の写真が掲載されているもの、他社（自分が出版する出版社以外という意味）の本の書影などは、それぞれ使用許諾を申請しなければなりません。こっそり使えばバレないと思うかもしれませんが、バレますし、問題になります。使用の是非についてわからない点は、編集者に相談してみましょう。

図や写真をどのくらい使わなければならないかがわかれば、執筆スケジュールも立てやすくなります。例えば、Googleスプレッドシートを便利に使う方法に関する本をつくる場合、文章だけでは成立しないことはおわかりだと思います。このような企画の場合は、手順ごとに画面のキャプチャを撮り図を作成していかなければなりませんから、図の作成だけでも本文執筆並（場合によってはそれ以上）に時間がかかります。ですからプロットの作成時点で、一体どれほどの時間を確保すればいいのか、といった見積もりができることも、使用する図を書き込んでおくことのメリットなのです。

ちなみに、図の作成や写真の用意を人に頼まなければいけない場合は、この時点で依頼や発注の相談をしてください。プロットができていないと、どんな内容のものを作成するかがイメージできないので相手も困りますが、本文ができてから依頼すると、スケジュールが大幅に遅れてしまう可能性があります。図やイラスト、写真のレイアウトに希望があるなら、手書きでいいので簡単な配置を指示するラフ図があると伝えやすいと思います。

04

プロットに読者の感情を書き込んでおこう

読者の本音を書き込むことで、寄り添える

共感できる本とできない本が存在します。読書の最中に「まさに私のとおりだ」と感じるとページをめくる手が止まりませんが、「そうかな」「私は違うけど」と感じることが増えてくると、途中で嫌になってしまい読むこと自体をやめてしまいます。あなたにもそんな読書の経験はないでしょうか。

著者として読者に期待したいのは、自分の本を最後まで読んでもらうことだけでなく、やはり読後になにか行動や変化を起こしてもらうことだと思います。「あなたの本をきっかけに、転職しました」や「本を読んですぐに○○をやめました」などの感想が届けば、どんな著者も嬉しくなるはずです。

では、どうすれば読者はそのような状態になってくれるでしょうか。

本を最後まで読んでもらい、かつ共感してもらうには、読者の心を動かす「何か」がないといけません。その「何か」とは、私たちは「読者の本音」であると思っています。自分自身の行動を振り返ると、自覚の有無に関わらず、自分の行動の裏には必ず何かしらの本音が密接に関わっています。買い物をするときは、他の服よりも「安い」から購入するのではなく「少しでも得したい」という本音があるでしょうし、自分に対する評価の方が気になる人は、着ることで「かわいい」あるいは「おしゃれ」と言われたいという本音があるものです。この本音のことを、マーケティングでは「インサイト」という言いかたをしたりしますが、ここでは難しく考えずに「読者の本音」のことと考えてください。

さて、話を戻すと、共感できない本というのは、単に話がつまらないというだけでなく、「共感できる要素がないから、つまらない」という本音が隠れていたりもします。ということは、少しでも共感してもらえる本にしようと思うなら、読者の本音に寄り添いながら話を進めていけばいいということです。

例えば、子育てと仕事の両立で忙しいママへ向けた本に「子育てと仕事の両立で忙しい毎日、疲れていませんか?」と書いたところで、何も共感してもらえません。子育てと仕事の両立で忙しい毎日に疲れているのは、読者にとって当たり前のことだからです。極端なことをいうと、おそらく大人であるあなたに対し、私が「あなたは大人で、子どもではありませんよね」と言ったら、「そうですが、だからなんですか」となります。むしろ、見ればわかるようなことを訊かれ、ムッとするかもしれません。

それと同じで、先ほどのように読者にとって当たり前の事実を言われても、読者の心はまったく動かないのです。しかし、「子育てと仕事に追われ、いったいこの忙しい日はいつまで続くんだろうと思っていませんか。どちらも大切で手を抜けないけれど、本当はやってみたいことを心にしまい込んでいませんか」と書いたなら、読者が内心抱えていたモヤモヤした気持ちに寄り添うことができます。

おすすめなのは、プロットに読者の感情を書き込むことです。これまでつくってきたプロットシートには、「読者の本音」の項目があります。この項目を埋めなくても本を書くことはできますが、より読者に寄り添った本にして共感を得たい場合は、この項目も埋めていきましょう。

具体的にいうと、本書のプロットには次のような読者の本音を書き込んでいきます。

「本の10万字ってどのくらいなんだろう、考えるだけでしんどい」
「そんなに時間がかかるなら、ライターに任せたほうが効率的かも？」
「プロットって本当に必要？ ここまでやるの面倒くさいんだけど」

このように、まるで読者が自分の書いたことに対して逐一ツッコミをしてくるかのように、リアルな本音を書いていくのです。この時、自分ならどう思うかを考えてみるのがうまく書くコツです。

単に情報を伝えるだけだと単調になり、ただただ情報を受け取っているだけの読者の心には何も届きませんが、こうして本を読み進めながら少しずつ変化する読者の心情を細やかに掬いあげてあげることで、読者は著者と1対1で話をしているような感覚になれます。

ひとりツッコミをすればうまくいく

これまで、読者の感情に寄り添う本を書くためにいろいろな方法を試してきましたが、読者の本音を知るために一番簡単な方法がこの「ひとりツッコミ」です。これは、自分が書いた内容に対して、読者の立場から質問やツッコミを入れていく方法です。

例えば、「毎日３０００字を目標に書きましょう」と伝えた場合、

「えっ、３０００字って多くない？」
「仕事があるのに、そんなに書けるわけない」
「具体的にどうやって時間をつくればいいの？」

などと、予想される読者の反応を書き込んでいくのです。読者の本音の項目は、すべて埋めなくても大丈夫ですが、章や節の階層くらいまでは考えておけるといいです。

05

完成したプロットを確認しよう

全体のボリュームを確認してみよう

これまでに説明したように、プロットのつくり込みはとても大事な作業です。頑張ってプロットの内容を埋めることができたら、最後は完成したものを見直していきましょう。

最初は、プロットを通して本全体のバランスを確認することから始めてください。プロットを見ると、各章のボリュームがどのくらいになりそうかイメージできると思います。その上で、章のボリュームに偏りがないかなどを確認します。例えば、3章が異常にボリューミーで、他の章とのバランスが悪いとなれば、3章の内容を二つに分け、1章分を増やすことも考えます。

また、節や項の数にも着目してみてください。節の数に統一感がないと章レベルでのバランスが悪くなります。同様に、ある節だけ項の数が多すぎるなら、節を増やして対応するか、項の内容を改めて精査して減らすなどしてしてください。

読者になったつもりで、見直してみよう

●もしも渡された登山地図が間違っていたら……

本書の読者の中に登山をされる人がいるかはわかりませんが、登山をする人は必ず地図を持って山に向かいます。どのルートを通ればいいのか、どの地点で分岐があるのか、どちらの分岐を選択すれば安全なのか、A地点からB地点までの距離はどのくらいか等、地図を読み解くことで様々なことがわかります。

でももし、この地図に誤りや勝手な省略があったらどうでしょうか。例えば肝心な分岐ポイントが記されていなかったとしたら、登山者はたちまち道に迷い、最悪の場合帰らぬ人となってしまいます。

さすがに登山とまではいかないものの、本も似たようなものです。手順が間違って

いたり情報が不足していたりしたら、つくりたいものがつくれませんし、悩みは解決できないままです。ですから、手順やプロセスは省かないのが鉄則です。

著者となるくらいですから、あなたはその道の専門家です。専門家はすでにいろいろな苦難や迷い、数々の失敗を乗り越えてその立場になっているのですが、どれも過去のことなので、かつての自分がどんなところでつまずいたかを忘れてしまっています。その道の専門家や熟練者に向けた企画の本なら話は別かもしれませんが、多くの場合は初心者に向けたものです。ですから、自分が初心者だったころを思い出しながら、この説明で果たして本当に理解できるか、この手順の通りに実行すればうまくいくのかと見直してください。

本当にその話題で書けますか？

プロットを作成している段階では、「この話題なら書けそうだ」と安易に考えてしまいがちですが、実際に執筆を始めると途端に行き詰まることがあります。自分が考えていたよりも持ちネタがなく、字数が足りなくなるのです。字数が足りなければ、内容を変更するか話題をつくって字数を増やすしかないわけですが、そうならないためにあらかじめ予測を立てておくことも重要です。

本書で紹介するプロットシートには、章、節、項ごとに必要字数を記入する項目があります。少し面倒ですが、それぞれ大体このくらいは必要だと思われる字数を割り振っていき、全体のバランスを見ていきます。すると、割り振った字数は１０００字だけど、そこまでの話題が書けなさそうなら、話題そのものを考え直すことができます。必要字数を書いておけば、執筆スケジュールも立てやすくなりますし一石二鳥です。

編集者の意見をもらおう

全体の構成について編集者に意見をもらいましょう。章立ての順序は論理的か、読者にとって理解しやすい流れになっているか、競合本との差別化ポイントは明確か、といった点について、客観的な視点でフィードバックをもらえます。

各章の内容についても、掘り下げが足りない部分や、逆に詳しすぎる部分を指摘してもらってください。特に、専門家である著者は、当たり前すぎて説明を省いてしまいがちな部分がありますから、そうした抜け落ちている部分に気付きやすいです。さらに、使用する図表や事例についても、より効果的な表現方法のアドバイスをもらえることもあります。

編集者との打ち合わせで得た意見は、できるだけその場でプロットに反映させましょう。後回しにすると忘れてしまったり、修正の意図が不明確になってしまったりする可能性があるためです。

プロットを何度か見せてＯＫがもらえたら、いよいよ執筆です。

06

プロットシートの使いかた

プロットシートをダウンロードしてみよう

本書で紹介してきたプロットシートは、直接ダウンロードして使っていただけます。

ＱＲコードもしくは下記のＵＲＬにアクセスしていただくと、Ｇｏｏｇｌｅスプレッドシートで作成したプロットシートが表示されますので、こちらをコピーしてお使いください。プロットシートをコピーする方法は次のとおりです。

●プロットシートをコピーする方法

①Ｇｏｏｇｌｅアカウントを用意する。

※あらかじめ、ご自身のＧｏｏｇｌｅアカウントを用意してください。

②特典ページ掲載のQRコードにアクセスもしくはURLを入力してアクセスする。
③メニューバーにある「ファイル」をクリックして「コピーを作成」をクリック。

字数と進捗を管理しながら進めよう

実際に原稿執筆の段階に入ったら、字数や進捗を管理しながら進めていく必要があります。字数を管理するのは、極端にページが少ない章をつくらないため、そして書き終えてヘトヘトになったところへ「文字数が全然足りていません」と言われないようにするためです。プロットシートの作成時に想定する字数を記入してくださいと伝えましたが、実際に原稿を書いたら、その文字数を確認して更新しておきましょう。自動的に合計の文字数が変更されますので、あとどのくらい書けばいいのかがわかるようになります。

また、プロットシートの空いているセルに、いつまでに書きたいのかを書いておくのもおすすめです。1章のこの部分は何日までに書くなどと目標があれば、確実に原稿執筆を進めていくことができます。

書き終わったらチェックをつけ、モチベーションアップ

書き終わった項目は、その都度チェックボックスにチェックを入れていきましょう。執筆そのものは自分ひとりで行うものですし、長期にわたるプロジェクトですから、モチベーションの維持が課題となります。実際、つねに仕事で本を書いている私たちでも、一冊の本を書くことに対し「楽勝！」とは言えません。

本の執筆はマラソンのようなもので、長く走り続けることが大切です。途中で息切れを起こさないためにも、小さな達成感を味わい、それを積み重ねていくことが大事です。

Chapter 05

原稿を書いていこう

01

原稿は書けるときに、力尽きるまで書く

本の原稿執筆は体力勝負

ここまでの間、様々なことをお伝えしてきましたが、ここからいよいよ本丸、本の原稿執筆に入ります。本格的に原稿執筆に入る前のあなたに、まずお伝えしたいことは「原稿執筆は体力勝負である」ということです。

この仕事を始めるまで、物書きという仕事は、自宅でできるのだから体力のいらない仕事だと思っていました。今、そう思っていた当時の自分にこう伝えてあげたいと思います。「体力がいらないなんて嘘、体育会系のごとく気合い、根性、体力が必要なんだよ」と。確かに、スポーツのように激しく体を動かすわけではありませんが、頭を使い、座り続け、常に指を動かし続けるのも、なかなかしんどいものです。

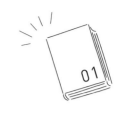

これから原稿を書くというあなたにそんなことを伝えたら、逆に怖くなってしまうという声も聞こえてきそうですが、むしろ事実を伝えることで心構えができ、心身の負担を少しでも減らせるのではないかと考えています。

これから待ち受けている本の原稿執筆という道のりは、決して短くありませんし、楽しいことばかりではありません。ですが、それを乗り越えた先には言葉に言い表せないほど素晴らしい達成感があります。これは、「しんどい」「辛い」と言いながらも私たちが本を書くのをやめることができない理由の一つです。

もしかしたら、これまでの素材集めやプロットづくりでもすでに十分苦労されてきたかもしれません。疲れたからもう諦めようかと思われるかもしれませんが、原稿執筆は終わりのない戦いでも、修行でもありません。必ず終わりがありますから安心してください。あなたの原稿をたくさんの読者が待っています。今、この瞬間もあなたの言葉を必要としている人がいると思って、原稿執筆をスタートさせましょう。

本の執筆は計画通りにならない

　本の執筆はなかなか計画通りにいかないのが常です。ですから、原稿は書けるときに一気に書いてしまうのがおすすめです。例えば朝活の1時間を原稿執筆に充て、少しずつ進めようなどと思うかもしれませんが、おそらくそんなにうまくいかないのではないかと思います。いずれわかることですが、毎日決まった文字数を書こうとすると日によって書けたり書けなかったりします。予定よりも書けなかった日があると、次の日以降にできなかった分を書かなければなりませんので、結局また書けないと翌日、また翌日とずれ込んでしまうのです。そのようにして計画が崩れるくらいなら、最初から勢いに任せたほうがいいというわけです。あなたの中から「伝えたい」という気持ちが沸き起こっているときは、力尽きるまでその思いをすべて原稿にぶつけてください。まだまだ書ける、あるいは書きたいエネルギーがあるのに、「1日1000字まで」と早く切り上げてしまっては非常にもったいないです。仮に執筆に対するエネルギーに満ち溢れていたとしたら、そのパワーは時間や期間を空けることによって失われてしまいます。今この瞬間の感覚が、明日の感覚とは異なるように、自分自身の状態もコロコロ変わるのです。人によって書きやすい時間帯は異なるでしょうから、いつ書くべきかはお任せしますが、計画的に進めるよりも、勢いに任せて書くほうがうまくいくと心得てください。

計画通りにいかないのは、あなただけの問題ではないこともあります。

例えば、急に子どもが熱を出してしまった、執筆中にお客様から電話がかかってきた、トラブル対応でつかまってしまった等、イレギュラーなことも多々起こります。だからこそ、書けるときに書くのです。

1章から書かなくてもいい

順番があるものを目の前にすると、なんとなく最初から手をつけたくなります。本も1章から6章までありますから、1章から書き始める人は多いことでしょう。しかし、順番通りに書く必要は微塵もありません。自分の書きやすいところあるいは、逆に書きにくいところから書き始めていただいて構いません。ちなみに本書の場合、実際の執筆は3章、1章、4章、5章、6章、2章の順に書きました。特に順番に理由はなく「今日はここが書けそう」と感じたところから手をつけた次第です。

1章から書かないとなると、話の辻褄が合わなくなってくるのではないかと心配される方もいると思います。もちろん、その通りです。ですが、一度書いた原稿はこの後も見直すタイミングがあります。もし辻褄が合わないところがあれば、本文全体を読み直しながら調整すれば問題ありません。それよりも大切なことは、とにかく執筆のモチベーションを下げないこと。原稿執筆を少しでも前に進めることです。

1章から順番に書かないことには、一つメリットもあります。どういうことかというと、後半の章へいくにつれ、失速してしまうのを防げるからです。本の執筆はマラソンのようなものだと表現しましたが、スタートで飛ばしすぎると、後半の章のボリュームが少なくなり、各章のバランスが悪くなってしまうことがあります。1章はとてもたっぷり書いてあるのに、4章以降から情報量が少なくなっていくという尻つぼみ状態になるのはいただけません。順番通りに書かないことで、このような事態も防げるようになります。

書けないなら、話して原稿をつくる

文章術の本は世の中にたくさんありますが、出版が決まったからといって急に読んでも、文章力というのはすぐに変化が現れるものではありません。正直、突然文章がうまくなることも、書くのが得意になることもないでしょう。ですから、もともと文章を書くことが好きな人や苦にならない人なら話は別ですが、文章を書くことに苦手意識があるなら、本の執筆は苦行に近いものがあるかもしれません。逃げたくなっても仕方ありません。

毎日文章を書いている私たちでも、「書けないな」と感じるときが頻繁にあります。それでも書かなければならないときはどうすればいいでしょうか。

おすすめは、音声入力を活用して原稿を執筆するというやりかたです。

例えばｉＰｈｏｎｅに入っている「ボイスメモ」というアプリを立ち上げ、ｉＰｈ

oneに向かって自分の考えを話し、録音するのです。話す際は、きちんとした文章で話さなくても構いません。ひとり言のように話したり、セミナーで講演するように話したりしてもいいでしょう。

録音した音源は、AIや文字起こしソフトなどを活用して一旦テキスト化します。テキスト化したら、それを整え原稿にしていきます。テキストから原稿化する前にAIを使い、文章を整えてもらっておくと執筆も捗ります。

長く文章を書いていると、座り疲れたり指を動かすのに疲れたりするものです。体は疲れてしまったけど、書きたいことがまだ残っている場合も、このような方法で執筆を続けることができます。執筆で行き詰まったときも、同様に役に立ちます。観客はiPhone一台のみですが、椅子から立ち上がり、ひとりでセミナーをしているように話すと、次々にアイデアが沸いてくることもあります。書き続けるために、いつもと異なる執筆方法をぜひ取り入れてみてください。

本の原稿執筆を支えてくれるもの

『〆切本』という本をご存じでしょうか。かの有名な文豪たちが出版社や編集者に向けて書いた、締め切りが守れない言い訳の手紙を集めた本です。誰もが知る作家すらも原稿が進まずに悩んでいたことを知ると、どことなく安心するものですが、だからと言って締め切りを守らなくてもいいわけではありません。

私たちの例ばかりで恐縮ですが、執筆に集中したいときは、簡単に済ませられるような食事にしたり、打ち合わせの予定を入れないようにしたりするほか、電話やメールなど外部からの連絡も最小限にするなどの工夫をしています。

他には、モチベーションを維持するために執筆の場所を変えたり、子どもに自慢したりもして、なんとか書き上げます。中には、SNSに今日どこまで書けたかを公開して、みんなに励ましてもらうという人もいました。

どんな方法であれ、読者にとっていい本ができることが第一です。あなたのモチベーションを維持し、かつアイデアが次々に沸いてくるようなベストスタイルを探してみてください。

02

本の原稿を書く上で気をつけたいこと

小説家のような原稿は目指さない

「国境の長いトンネルを抜けると雪国であった。夜の底が白くなった。信号所に汽車が止まった。」

有名な川端康成『雪国』の書き出しです。

このような素敵な書き出し、そして美しい日本語で原稿が書けるようになりたいものですが、実際に本を書く際は、そのような思いを一旦しまっておきましょう。というのも、本書が想定している本は、あくまで実用書や実務書といった種類の本だからです。同じ本でも、ジャンルが異なれば、読者から求められることが違うので、書きかたがまったく異なります。本を書くとなると、小説のような原稿を書かなければならないのかと勘違いされる方もいますが、決してそうではありませんので注意してください。

実用書や実務書などでは、後世に残るような美しい文章を目指すのではなく、読者が求める情報や知識を明確に伝えることが何より大切です。あなたの本の読者は、多くの場合、何らかの課題解決や改善のヒントを求めて本を手に取っていますから、まずはその欲求に答えてあげてください。

文章はどんな読者も理解できる日本語で書いてください。読みにくい漢字や表現を使ったり、専門家しか知らないような専門用語あるいは業界用語を使ったりすることは避けてください。誰のための本かと言えば、本はどこまでいっても読者のためなのです。難しくてスラスラ読むことができず途中で閉じられてしまう本よりも、最後まで読んでもらえる本を目指すほうが、あなたにとってもいいはずです。

文末は「ですます」調か「である」調か

文末は、「ですます」調か「である」調のどちらかに統一してください。どちらのほうがいいかと問われれば、「ですます」調と答えます。文末を変えると、文章の印象はだいぶ変わります。例えば次の二文は、それぞれどのような印象を持つでしょうか。

(A)

ドラえもんは21世紀の未来からやってきた猫型ロボットだ。誕生日は、２１１２年9月3日。計算すると、２０２５年の今から87年後には、あのようなロボットが存在しているということになる。一家に一台、猫型ロボットを所有するのが当たり前になる日は果たしてやってくるのだろうか。私の年齢や人間の平均寿命を考えると、その未来を確認できそうになく、非常に残念で仕方がない。

(B)

ドラえもんは21世紀の未来からやってきた猫型ロボットです。誕生日は、２１１２

年9月3日。計算すると、2025年の今から87年後には、あのようなロボットが存在しているということになります。一家に一台、猫型ロボットを所有するのが当たり前になる日は果たしてやってくるのでしょうか。私の年齢や人間の平均寿命を考えると、その未来を確認できそうになく、非常に残念で仕方がありません。

AとBの文章は、単純に文末を入れ替えただけに過ぎませんが、である調のAの文章のほうが、少し突き放した印象になります。仮にこれが論文や学術書に掲載する文章であれば、である調で書くほうが相応しくなるのですが、一般的な読者を想定した本の場合は、特に何も言われない限り「ですます調」で書きます。

ですます調が基本とはいったものの、中には「である調」でないとおかしい場合もあります。例えば、ジャイアンのセリフとして相応しいのは、次のうちどちらでしょうか。

（A）

「のび太、ボールを取ってくれよ」

（B）

「のび太くん、ボールを取ってもらえませんか」

間違いなく（A）の「のび太、ボールを取ってくれよ」を選ぶと思います。（B）の「のび太くん、ボールを取ってもらえませんか」というセリフは、ですます調で丁寧ですが、まったくジャイアンらしくありません。むしろ、出来杉くんが言いそうなセリフになってしまいました。

このように、著者の個性をあまりに損ねるような場合は、著者のキャラクターに合わせて臨機応変に変えます。ただし、それは著者が著名であり、世の中の多くの人が著者のことを認知しているケースに限ります。

編集者から突き返される原稿とは

幸いなことに私たちは（まだ）経験したことがありませんが、徹夜しながら一生懸命書いた原稿も、その仕上がり次第で編集者から「書き直してください」と言われてしまうことがあります。著者に対しては滅多に起こらないにしても、編集者からライターに対しこっそり「大幅にリライト（リライト＝話の趣旨や意図を変えずに文章を書き直すこと）してほしい」という依頼がくることはしばしばあります。

大幅なリライトを依頼される文章を見ていると、大きく三つの傾向があることに気付きました。

その三つとは、「出版の基準に達していない」「読みにくい」「わかりにくい」というものです。

「出版の基準に達していない」というのは、様々な要素があります。要素として挙げると、文字数があまりに不足している、含まれている情報量があまりに少なくノウハウ本をして成立しない、企画書との乖離が大きい、文章表現があまりに稚拙など、いずれかの理由があります。文字数や情報量の問題に関しては、本書の3章や4章を参考にしながら丁寧に取り組んでいただければおそらく解決するはずです。しかし、その他二つの理由に関しては、著者であるあなた自身が気を付けるしかありません。例えば、企画書との乖離が大きいとはどのようなことかというと、「初心者向けを想定した企画にもかかわらず、中級者もしくは上級者向けに書かれている」や「独自メソッドを掲載する予定にもかかわらず、一般論しか書かれていない」といったような場合です。

文章表現については、まるで友達同士のLINEやメールを思わせるような文章で書かれていたり、「♡」「★」「♪」「ですよっ」「だって」などが多用されたりして、読者の反感を買う恐れのある文章です。

「読みにくい」「わかりにくい」という問題についてはこの後で説明するためここでは割愛しますが、まずは出版物として世に出しても恥ずかしくない文章を書くことが大切です。

03

読みやすい文章、わかりやすい文章、おもしろい文章

読者がスラスラ読める文章を書くには？

読んでいると、迷宮入りしそうになる文章に出会うことがあります。どのように読んでいいいか、一体何を伝えたいのかわからなくなってしまうような文章です。文章のレベルアップには終わりがありませんから、私たちもまだまだ進化の途中ではありますが、日頃何に気をつけて文章を書いているかについて整理してみました。

文章を書くことで生計を立てている私たちが常に意識していることは、いつも読者のことです。この文章は読者にとってストレスなく読める文章になっているだろうか、（テーマについて）初めて知る読者でも理解できる書きかたになっているだろうか、最後まで飽きずに読めるだろうかなどを考え続けています。
中でも最も気を配るのは、読みやすいかどうかです。内容を理解できるかどうかの前に、そもそも文章が読みやすくなければ読者は読み進めることができないからです。

本の原稿はお経じゃない。読みやすい文章を目指そう

読みやすい文章を書くには、文のまとまりや区切りを意識することが大切です。

しずかちゃんはバイオリンを習っているもののうまくなくいつもみんなが耳をふさいでいますが本人はちっとも気がついていない様子です。

例えばこちらの文章は、しずかちゃんの弾くバイオリンについて書いたものですが、文章の区切りがまったくわからないので、とても読みにくくなっています。全く同じ文章の適切な位置に読点「、」を入れることで、次のように改善することができます。

しずかちゃんは、バイオリンを習っているもののうまくなく、いつもみんなが耳をふさいでいますが、本人はちっとも気がついていない様子です。

ですが、多少読みやすくなったものの、もともとの一文が長すぎるため何が言いたいのかいまいちわかりません。そこで、文章を区切り、読みやすくなるよう書き直してみました。

しずかちゃんは、バイオリンを習っていますがうまくありません。彼女がバイオリンを弾くといつもみんなが耳をふさいでいますが、本人はちっとも気がついていない様子です。

どうでしょうか。もとの文章と比べると、かなり読みやすくなったはずです。一文をできるだけ短くし、「誰」が「何」を「どう」したかがはっきりとわかるように言葉を加えました。このように、ちょっとした心がけで文章は読みやすく変身するものです。

●目の前の読者に話しかけるように書こう

本の原稿を書くと思うと緊張するのか、どこか肩に力が入っているような文章になってしまう人がいます。内容は申し分ないのに、読んでいても内容が頭に入ってこないため、次第に読み進めることがつらくなってくる文章です。

例えば、次のAとBの文章についてあなたはどう感じるでしょうか。

A

書き続けるのは想像以上に大変です。やる気を待っていても湧いてくる保証はありません。大切なのは、毎日少しでも書くこと。心理学者レナード・ズーニン博士の「ズーニンの法則」によれば、まず4分取り組めば、その後も続けやすくなるそうです。「とりあえず5分だけ」と自分に言い聞かせ、原稿に向かいましょう。

B

毎日書き続けるのは、想像以上に大変なことです。

今日はやる気が出ないからといっても、やる気が湧いてくる保証はありません。そんなことを繰り返していたら、いつまで経っても原稿が前に進みませんよね。ですから毎日大量に書こうとせず、まずは数分でもいいので机に向かって原稿を書いてみてください。アメリカの心理学者のレナード・ズーニン博士が提唱した「ズーニンの法則」によれば、まず4分間物事に取り組むと、その後も続けてやる気が維持されるとのこと。ほんの少しの時間でも構いませんから、「とりあえず5分だけ頑張ろう」と自分に言い聞かせ、原稿に向かうようにしてください。

内容は同じですが、AよりもBの文章のほうが親近感があり読みやすく感じると思います。

Aは、自分の言いたいことを淡々と述べているのに対し、Bは読者に話しかけるように書かれています。

Aのような文章が求められることもありますが、一般的な読者を対象とした本を書くなら、Bの文章を目指してみてください。空想で目の前に読者を座らせ、その読者に向かって話すように書くのがコツです。

自分の主張の伝えかたを工夫してみよう

読者に何かを伝えたいとき、ただ単に「これはこうです」と言うだけでは、なかなか心に響きません。読者の心に届けるには、いろいろな角度から説明することが大切です。

では、「のび太くんはいい子だ」ということを伝えたい場合を例に、様々な伝えかたを見ていきましょう。

●理由や根拠を示して伝える

のび太くんはいい子です。友だちのためならいつでも頑張る心を持っていますし、困っている人を見かけると必ず助けようとします。小さな動物にも優しく、誰に対しても思いやりの心を忘れない子です。

Ａはｂです。と自分の考えを伝えたいときは、主張を述べたあとに理由や根拠を示します。

●他と比べて伝える
のび太くんはいい子です。同じクラスのジャイアンは力が強いという理由で弱い者いじめをすることがありますが、のび太くんは違います。むしろ弱い立場の人を守ろうとする優しい心の持ち主なのです。

自分の主張が正しいことを証明するために、他と比較して伝える方法もあります。この場合は、優しいのび太と横暴なジャイアンを比較することで、のび太はいい子であることを証明し、伝えようとしています。

●正反対の場合を想像して伝える
もしのび太くんが悪い子だったら、きっと友だちのために命がけで頑張ることもないでしょうし、困っている人を見ても素通りしてしまうはずです。でも、のび太くんは

いつも人のために一生懸命です。

仮定で「もし〜だったら」と正反対の場合を想像することでも、のび太がいい子であることを伝えることができます。

●第三者の声を引用して伝える

のび太くんのことを一番身近で見ているドラえもんは『のび太くんはいいやつなんだ』と言っています。しずかちゃんも『のび太さんは本当は優しい人』と信頼しているんですよ。

自分ひとりが言っているわけではないことを伝えることで、自分の主張が正しいことを伝えることもできます。この場合はのび太のことをよく知る存在であるドラえもんと、嘘をつきそうにないしずかちゃんの意見を取り入れることで、のび太がいい子であることを証明しています。この他にも可能なら書籍や公的機関のデータなどでもいいでしょう。

このように、同じことを伝えるにも、視点を変えることで説得力が増していきます。一つの言いかただけでなく、様々な角度から説明することで、より深く伝わりやすくなります。

読者を不安にさせないためには

本の原稿を書いているあなたは先生ですから、読者が迷わず話についてこれるよう配慮しつつ文章を書くことが求められます。ダラダラと一方的に話をするのではなく、話を整理して簡潔に伝えることを心がけましょう。わかりやすいのは、最初に結論を伝え、後から詳細を伝えるという「ＰＲＥＰ法」という文章法です。

「ＰＲＥＰ法」は、わかりやすく簡潔に伝えられる文章の構成として知られており、文章作成やプレゼンテーションなどでよく取り入れられます。構成は次のとおりです。

P＝Point（結論）

R＝Reason（理由）
E＝Example（事例、具体例）
P＝Point（結論を繰り返す）

子どもの頃、文章は「起承転結」で書きなさいと習った記憶があるため、「起承転結」じゃなくてもいいの？　と迷ってしまうかもしれませんが、どちらかといえば「起承転結」は物語や小説を書くときなどに取り入れる文章の構成方法です。今回のように読者の悩みを解決するための本を書く場合は、悩みに対しなるべく早く答えを示してあげたいですから、「起承転結」の構成だと結論に辿り着くまで長過ぎてしまいます。その間に、読者が途中で飽き、本を閉じてしまっては元も子もありません。そこで、結論を最初に伝えるのです。これからどんな話が始まるかがわかれば、読者が「この話はいつまで続くだろうか」とやきもきすることもありません。

最初に結論を伝える書き出しとして、よくあるのは次のようなものです。

・最初に〇〇についてお伝えします。
・〇〇をする方法は三つあります。
・〇〇をするのは間違っています。
・〇〇をしたければ、△△すべきです。

他にもパターンはありますが、いずれも本の原稿でよく見かけます。常に結論ファーストを心がけなければいけないという話ではありませんが、話が長くなりそうなときは、ぜひ使ってみてください。

書き出しを工夫して、心をつかもう

文章のつかみがつまらないと、読んでいてもおもしろくありません。例えば、すぐ前に紹介した「〇〇についてお伝えします」は、書き出しとしてもよく使われますが、あまりに多用すると単調な文章になってしまいます。

毎日同じものばかり食べていたらいずれ飽きてしまうのと同じで、文章も同じ表現ばかりを使うと飽きられます。特に書き出しは、新しい話へと切り替わる重要なところです。読者にワクワクしてもらうためにも、書き出しを工夫し、続きが読みたくなる文章を心がけてみましょう。

では、書き出しは具体的にどうすればいいでしょうか。よく使われる書き出しのパターンとして本書では五つ紹介しておきます。

●常識とは異なる話を伝え、読者を惹きつける書き出し

(例) いくら運動しても、痩せることはありません。

●これから話す内容に根拠を持たせるために、データを用いる書き出し

(例) ビジネスパーソンの80%が、〇〇をしないそうです。

●読者が思わずやりたくなるような書き出し

(例) たった3分〇〇するだけで△△できるなら、試したいと思いませんか。

●読者に呼びかける書き出し
（例）想像してみてください。例えば……

●読者が疑問に思っていることを突く書き出し
（例）なぜ「お金持ちになりたければ、長財布を持て」というのでしょうか。

いろいろな本を手に取ってみて、書き出しだけに注目してみてください。長い本を最後まで読んでもらうために、様々な書き出しを使って工夫されていることがわかるはずです。

あなたにしか語れないから、おもしろい

読者の悩みを解決する本ですから、笑い転げるようなおもしろい本にするのは難しいでしょう。ですが、あなたの経験に基づいた具体的なエピソードを織りまぜることで、読者を引き込む魅力的な文章を書くことができます。例えば次の二つの文章に対

し、あなたはどう感じるでしょうか。

（A）

効率よく仕事したければ、仮眠を取るのが一番です。社会心理学者ジェームス・マース氏によれば、12時から15時の間に15分ほどの仮眠を取ることで疲れが取れ、集中力が向上するのだそうです。Ｇｏｏｇｌｅや NＩＫＥ、Ａｐｐｌｅ、Ｍｉｃｒｏｓｏｆｔなど、世界的企業で積極的に取り入れられているこの昼寝は、パワーナップ（Ｐｏｗｅｒ Ｎａｐ＝積極的仮眠）というのだそうです。国内でも、不動産デベロッパー大手のM社ではこのパワーナップを導入しています。就業時間中でも30分の仮眠が認められ、社内に設けられた専用の仮眠ブースで仮眠をとることができるそうです。

（B）

少しでも効率よく仕事ができないかと、これまでありとあらゆる実験をしてきました。タスク管理、手帳術、ポモドーロ・テクニックという作業時間25分、休息時間5分を繰り返す時間術など、試した数は数え切れません。しかし、どれも怠け者の自分にはしっくりこず、途中で挫折してばかり。ですが、そんな怠け者の自分でも無理なくできる方法を見つけたのです。それは、「短時間の昼寝」をする方法です。この短時間の昼寝は、パワーナップ（Power Nap＝積極的仮眠）というのだそうです。

AとBの文章はどちらも「短時間の仮眠」について書いたものですが、Aは伝聞のみで構成したのに対し、Bは書き手の実体験を元に構成しています。

どちらも文章としては成立していますが、AよりもBの文章のほうが続きを読みたいと思えます。おもしろい文章とは、おもしろおかしく書くこととは限りません。読者がその文章に入り込んでいけるか。あなたの本にのめり込めるかが大切です。本の中で伝えたいことはいろいろあると思いますが、あなたの経験からくる言葉はあなたにしか書けないこと。そして、そんな言葉こそが読者の心をつかんで離さない。そう思って、どんどん書いていきましょう。

04

見出しの書きかたを工夫しよう

読みやすさと書きやすさを左右する「見出し」のチカラ

見出しは、本をおもしろくしてくれる存在です。料理でいうなら、素材の味を引き立てる隠し味といったところでしょうか。

いろいろな人の原稿を読んでいると、この人の文章はおもしろいなと感じる原稿と、なんだか論文みたいだなと感じる原稿があります。「何が違うのだろう」と思って注意深く読んでいると、タイトルや見出しがおもしろいことに気がつきました。おもしろいと一言で片付けるのはあまりに雑ですが、入口となる見出しでわくわくさせてくれるのです。そのような原稿は、総じて内容もおもしろい。既知の内容であったとしても、まったく退屈することなくスラスラと読め、新しい発見があります。

いい見出しをつけることは、著者にとってもプラスになります。実際私たちも本の書き手となりよくわかるのですが、書き手である自分すらも楽しくなるような見出しがつけられると、原稿を書くノリが違います。「あの言いかたがいいな」「こういう感じで伝えたらどうか」と内側からどんどんアイデアが湧いてきて、書く手が止まりません。反対に、あまりに味気のない見出しをつけると、たちまち書くスピードが失速してしまうので、不思議なものだなと思います。例えば、この見出しは「読みやすさと書きやすさを左右する「見出し」のチカラ」としましたが、もしも「見出しについて」という見出しがついていたらどうでしょうか。そこにどんな情報が書かれているかは想像できるものの、なんだか堅くるしい印象を持つ人もいるかもしれません。私自身が読者だったとしてもあまり読む気は起こらないでしょう。

見出しは、読者の疑問を先取りするようにつける

いきなり見出しを工夫しようと言われても、困ってしまうはずです。見出しのつけかたについては、それだけで一冊の本が書けそうなほどですから、本書では初めて本

を書く人でも取り入れやすい方法を紹介しておきます。

見出しを考える際は、読者の疑問を先取りするつもりで考えるとうまくいきます。例えば直前では、「見出しの大切さ」について説明しました。それを読んだ読者は、おそらく次にこう思うはずです。「じゃあ、どうやっておもしろい見出しをつけるの?」と。

そこで次の見出しでは、「見出しは、読者の疑問を先取りするようにつける」というふうに、読者の頭の中に浮かんだ疑問に応えるような見出しを提示するのです。

「見出しのつけかたは?」という見出しをつけてもいいですが、それだと曖昧です。具体的にしたり結論を先に伝えたりしておくことで、次にどんな情報があるのか理解でき、読者の読みたいという気持ちを引き出せるようになります。

見出しのつけかたにバリエーションを持たせよう

本一冊ともなればかなりの長文ですから、見出しにもバリエーションが必要です。毎日同じものばかり食べていると飽きてしまう話は先ほどもした通りで、ワンパターンな見出しだと読者も飽きてしまいます。そうならないために、いくつか見出しのバリエーションを考えてみました。

●数字を入れて具体的にする

「9割の日本人は〇〇ができていない」
「〇〇をするための三つの鍵」
「3：7で〇〇をしよう」

見出しに数字を入れると、量や程度などが具体的になり読者の読みたい気持ちを引き出すことができます。

●結論を伝える

「結論、〇〇だけをやればいい」

「〇〇をするなら、××を押せ！」

「やってはいけない〇〇」

前置きが長くなると、読者が飽きてしまい読むのをやめてしまいます。見出しで結論を先に伝えることで、何の話が書かれているかが伝わり、安心して読み進めることができます。

●手順や工程を伝える

「〇〇をするための三つの方法」

「〇〇は、5ステップで行う」

特に実用書では、手順やプロセスを紹介することが多くなります。そのようなときは、先にこれから紹介する手順や工程がどのくらいのボリュームなのかを見出しで伝えてから詳細に入るとわかりやすくなります。ちなみに手順の数は、3、5、7など奇数でまとめるといいと言われています。

●重要なことを隠したり、読者の知らないことを伝えたりして興味を持たせる
「なぜ○○は～なのか？」

「福沢諭吉も、実は○○だった」


読者が知りたいことをあえて隠し、興味を持たせるという見出しのつけかたもあります。ベストセラーになった『さおだけ屋はなぜ潰れないのか』という本も、読者の「そういわれれば、なんでだろう？」という気持ちをうまく引き出しています。この場合は、本のタイトルで使われていますが、見出しとしても十分活用できます。

●読者の心の声を投影する
「もう書けない、逃げたい！　と思ったときは○○で乗り切る」

「まずは○○から手をつけよう」

「遅刻癖は、あなた自身ではなく××のせい」

悩みや課題を抱えて本を手に取る読者の中には、つらい今の状況をどうにかして変えたいと思っている人が少なくありません。そんな読者の心の叫びをすくいあげ、どのようにすればいいかを教えてあげると、読者に寄り添った見出しになります。

●読者の常識と反対のことを述べる

「暗記したければ、書くな」

「痩せたいなら、○○を食べるべき」

「お客からの電話には出なくていい」

当たり前だと思っていることとは反対のことを言われると、人は反応せずにいられません。「なぜ？」と思わせることで、本文を読みたいと思わせるのがこの見出し。ただし、この方法を使うなら、読者が納得できるような内容にしておかなければいけません。

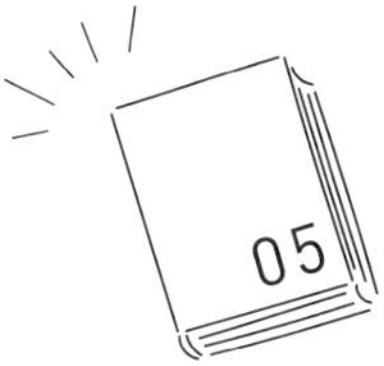

図のある原稿の書きかた

本文の中に図を入れるときの書きかた

本書のように、本文の途中で図やイラストを見せたいときはどのようにすればいいでしょうか。ここからは、図のある原稿の書きかたについて、説明していきます。

●図が入る場所に番号をつけよう

文章ばかりの本もいいですが、図を添えたほうがわかりやすいなら積極的に使いましょう。2章でお伝えしたとおり、図やイラスト、表なども原稿を書きながら一緒に準備していきます。

原稿を書いている途中で図を使いたくなったときは、次の図のように本文中に（図1－1：○○の様子）などと番号とキャプションをセットでつけておきます。キャプションとは、図や写真の説明文のことですが、単なる説明文ではなく本文に書かれている内容を補足するといった役割があります。

図につける番号にこれ

図が入る原稿のイメージ

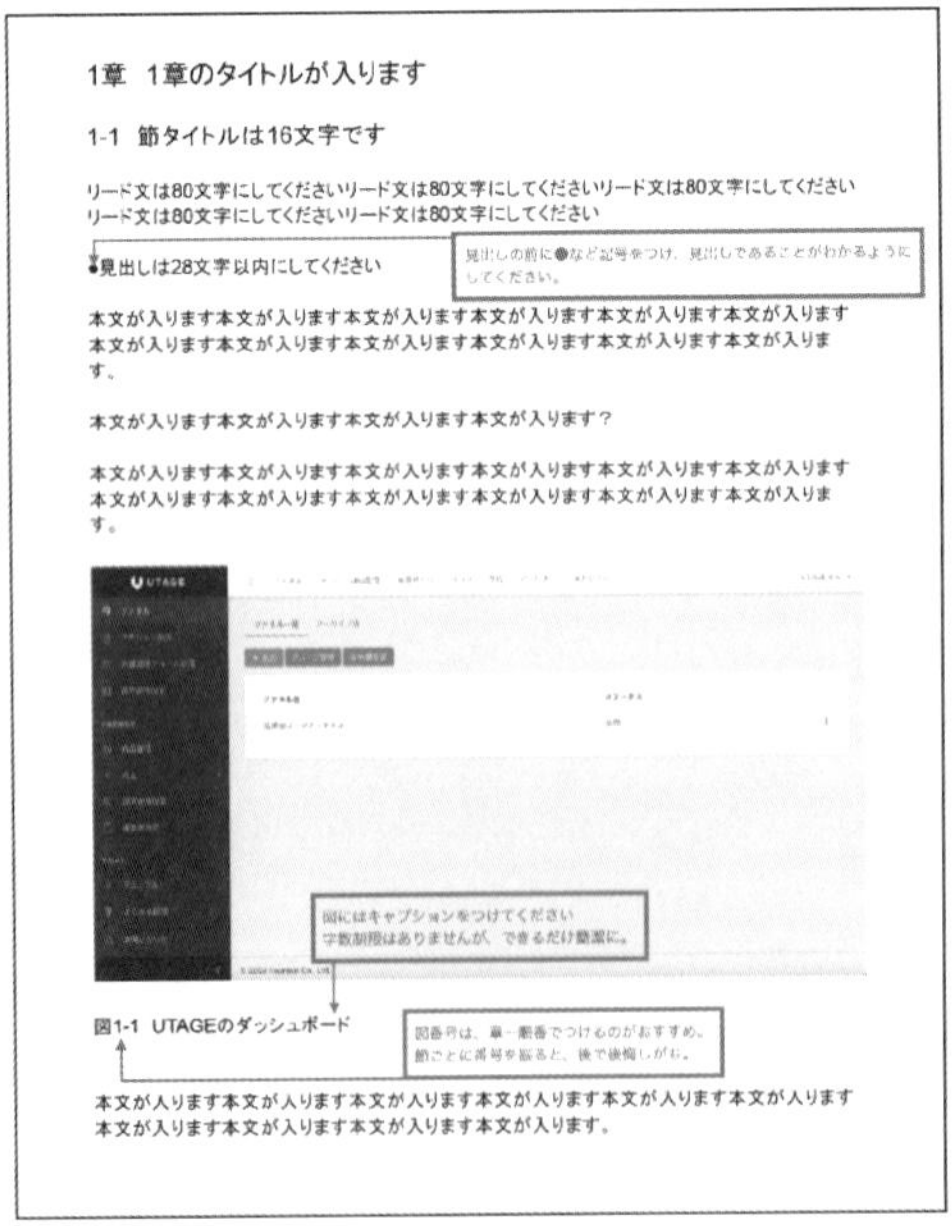
1章　1章のタイトルが入ります

1-1　節タイトルは16文字です

リード文は80文字にしてくださいリード文は80文字にしてくださいリード文は80文字にしてください
リード文は80文字にしてくださいリード文は80文字にしてください

●見出しは28文字以内にしてください

見出しの前に●など記号をつけ、見出しであることがわかるようにしてください。

本文が入ります本文が入ります本文が入ります本文が入ります本文が入ります本文が入ります
本文が入ります本文が入ります本文が入ります本文が入ります本文が入ります本文が入ります。

本文が入ります本文が入ります本文が入ります本文が入ります？

本文が入ります本文が入ります本文が入ります本文が入ります本文が入ります本文が入ります
本文が入ります本文が入ります本文が入ります本文が入ります本文が入ります本文が入ります。

図にはキャプションをつけてください
字数制限はありませんが、できるだけ簡潔に。

図1-1　UTAGEのダッシュボード

図番号は、章一通番でつけるのがおすすめ。
節ごとに番号を振ると、後で後悔しがち。

本文が入ります本文が入ります本文が入ります本文が入ります本文が入ります本文が入ります
本文が入ります本文が入ります本文が入ります本文が入ります。

といった決まりはありませんが、章ごとに分け、登場する順番でつけるのが最も簡単です。例えば、1章に挿入する図の場合、

図1-1、図1-2、図1-3……というように、ハイフンの前の数字を章の番号、ハイフンの後の数字は図の登場順でつけていきます。他には「章番号-節番号-登場順」とつけるケースもあります。ただ個人的には、後者の方法はおすすめしません。理由は単純で、3桁になる分ミスが多発し、混乱を招くからです。

(例) 1章に含まれる図を五つ、2章に含まれる図を三つとしたとき

● 「章番号-登場順」で作成した場合
図1-1、図1-2、図1-3、図1-4、図1-5、図2-1、図2-2、図2-3……

●「章番号-節番号-登場順」で作成した場合

図1-1-1、図1-1-2、図1-1-3、図1-2-1、図1-2-2、図2-1-1、図2-1-2、図2-2-1……

「章番号-登場順」で図番号をつける場合は、考えかたが比較的シンプルですし、視覚的にもわかりやすいです。一方「章番号-節番号-登場順」で図番号をつけた場合は、数字の変化がわかりにくいため、一目で判別しにくくなります。後から図を差し替えたり、加減したりすることも十分考えられますから、わかりやすいのがベストです。

原稿を書く著者自身も、細かく番号をつける人は大抵ミスを起こしています。送られてきた原稿に書かれている図の番号がずれていたり、重複していたりなど、収拾がつかない事態となっているケースもあります。特にパソコン系の解説書など、似たような図や写真が連続するような本の場合は、凝視しないと違いがわからないので、間違った図が挿入されやすいです。

自分の中ではわかっていても、原稿のデータを受け取った編集者やデザイナーはその道の専門家ではありませんので、初めて見るような図もあるわけです。慣れている人なら「この図は間違っている」と気がつけるものですが、特にデザイナーは受け取った「指示通り」に作業を行うのが基本ですから、勝手に変えてもらえると甘い期待をしてはいけません。誰が見ても「この図はここに挿入すればいいのか」とすぐに直感的に理解できるように配慮しましょう。

●キャプションにも読者がいる

図や写真に添えるキャプションは、単なる説明書きではありません。本文の内容をより視覚的にわかりやすく伝えるのが図の役割としたら、キャプションは図をどのよ

図の保存フォルダの様子

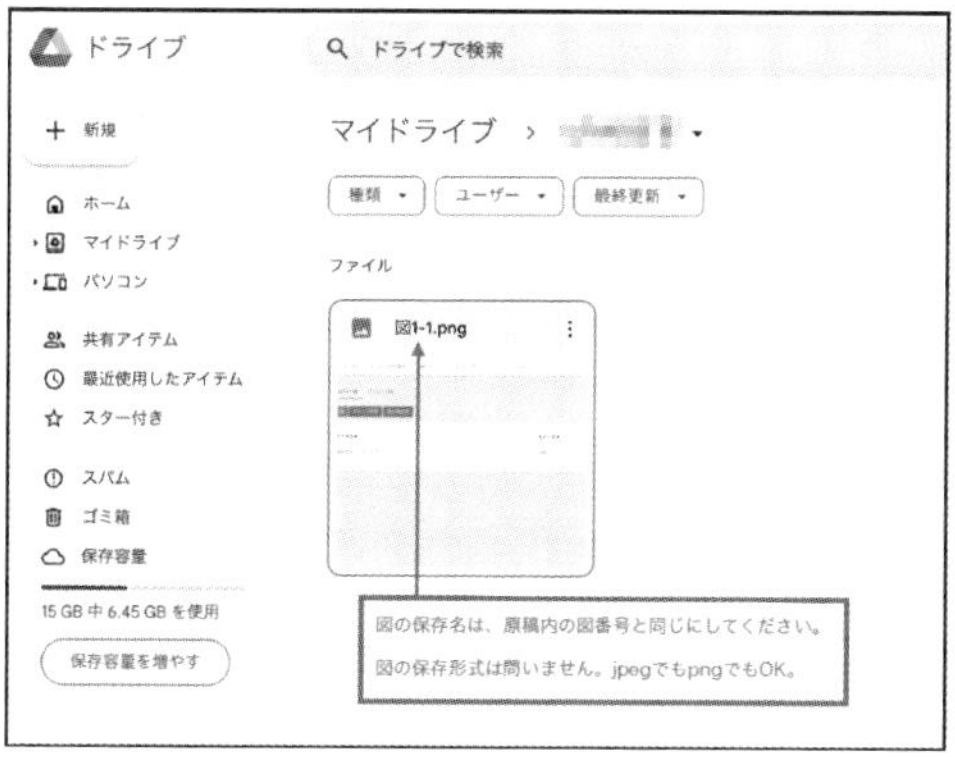

うに見たらいいかを教えてくれるガイドのような役割を担っています。

キャプションの付けかたは著者によって個性が現れやすいところなので、キャプションを読むのがおもしろいという読者もいるくらいです。本文に比べれば、文そのものは短いものの、キャプションまでしっかり読んでくれる読者がいると理解して作成していきましょう。

●キャプションをつけてみよう

ここで少し、キャプションをつける練習をしてみましょう。

題材は、すでに1章で登場したこちらの図を使います。この図は本の階層構造を説明したものでしたが、あなたならどのようなキャプションを考えますか？

（A）本の階層構造のイメージ
（B）章・節・項を階層で整理するとわかりやすい
（C）階層が深くなるほど、テーマが狭くなる

A、B、Cのいずれも間違いではありませんが、BやCのようなキャプションのほうが読んでいて楽しく感じます。ちなみに、Bは本文の内容をまとめ、一言で表現したもの。Cは、本文で触れられなかったコツやハウツーを補っているものです。

キャプションがその力を発揮するのは、例えばレシピ本のような本の場合です。レシピ本では「さっくり混ぜる」や「ねっとりしてきたら」などの感覚的な表現が多く見受けられます。しかし、「さっくり」や「ねっとり」は人によって感じかたが異なります。そこで写真を提示して、「写真のように○○が△△になってきたらOK」などと

どんなキャプションがふさわしい？

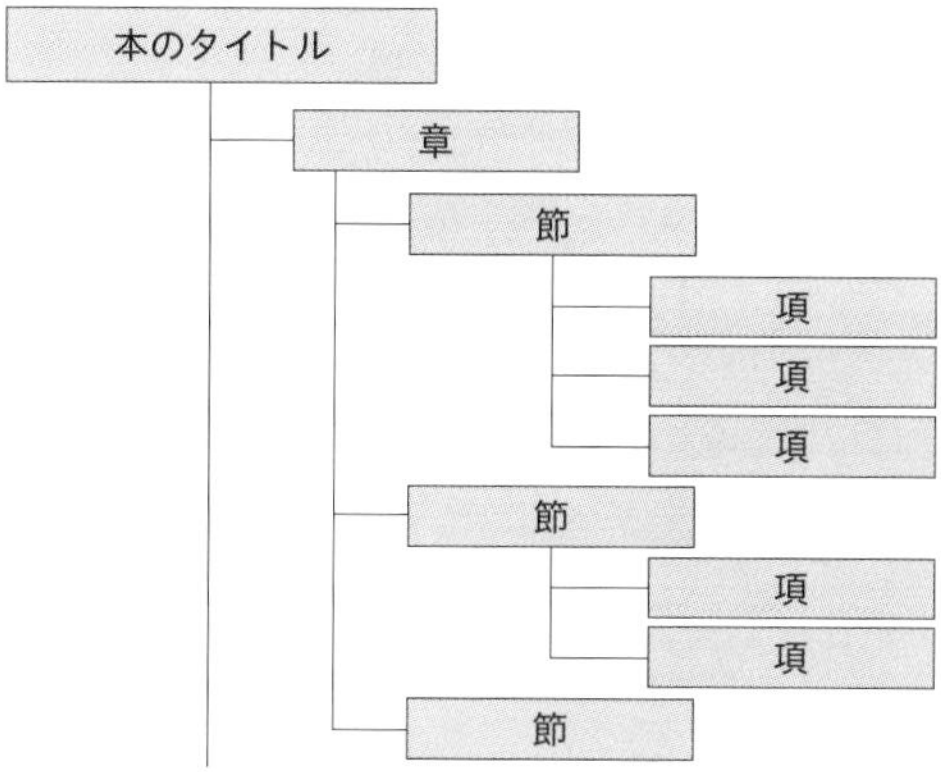

キャプションを加えれば、本文での説明がよりわかりやすくなります。また、人が複数写っている写真など、本文で指しているものがわかりにくい場合は、キャプション内で説明したりもします。

図はどのようにしてつくればいいか？

図を作成する方法は主に二つあります。一つは手書きでラフ図を描く方法と、パワーポイントなどを使用してデジタルで作成する方法です。図は、最終的にデザイナーが本文のトーンに合わせてつくり直してくれますので、どんな図にしたいかが伝われば十分です。

図を作成するときは、まず編集者に本が何色で印刷されるかを聞いておきましょう。もし黒1色で印刷される本なら、カラフルな図を見せたいと思っても難しいからです。色使いだけでなく、大きさにも注意してください。出版される本の大きさにもよりますが、図の中に細かな字を詰め込みすぎると、印刷されたときに小さすぎたり、字が潰れてしまったりして読めません。

図をデジタルで作成する場合におすすめなのは、パワーポイントやKeynote、Googleスライドを使うと便利です。スライドの左上に図の番号を書いておき、一スライドにつき一つの図という具合で作成していきます。キャプションは本文の中にありますから、スライドの中に入れる必要はありません。図のスライドの中にキャプションを書くと、「図」として作成されてしまう可能性があります。

本やWebサイトの図を参考にしてほしい場合は、参考にして欲しい図を写真もしくはスキャンデータにして、該当するスライドのところに貼り付けておきましょう。ただし、他の人が作成した図は作成したその人に著作権がありますので、そのまま掲載するのはNGです。あくまでイメージを伝えるためだけに使用し、オリジナルの図を作成してもらいましょう。

キャプチャがたくさんある本のとき

主にパソコン系の解説本に多いですが、手順解説が必要なものは挿入する図が非常に多くなります。画面のキャプチャをして図を作成する場合は、いくつか注意点がありますので、まとめておきます。まず手順としては次の三つです。

①パソコンの画面全体が入るようにキャプチャをする
②デザイナーに作成してもらうための、指示用の図を作成する（スライドへ）
③本文内でつけた番号と同じ番号になっているかを確認する。

①では、該当する画面全体をキャプチャしておき、何も加工していない状態のデータをデザイナーの作業用として保存しておきましょう。

保存する際は、「名前をつけて保存」を選び、本文でつけた図番号と同じ番号に付け替えておいてください。このタイミングでつけておかないと、フォルダ内に「スクリーンショット 2025-01-29 16.07.34」といった名前の図がズラッと並んでしまいます。後から整理しようと思っても、何がなんだかわからずモチベーションが下がってしまいますので、面倒でもその都度名前を変更し保存していきます。

次に②では、どのように図を作成して欲しいか伝えるために、指示用の図をつくっていきます。①でキャプチャしたイメージを、スライドソフトなどを使って加工していってください。

ここでは、個人情報が表示されているところのモザイク処理を指示したり、枠線や矢印を加えるなどの指示を明確に行ったりしていきます。スライドは適宜保存しながら作業を進めてください。Googleスライドなら、自動保存されるので便利です。

③最後に、原稿本文と作成した図を見ながら、つけた番号に誤りがないか確認していきます。

操作画面の指示の例

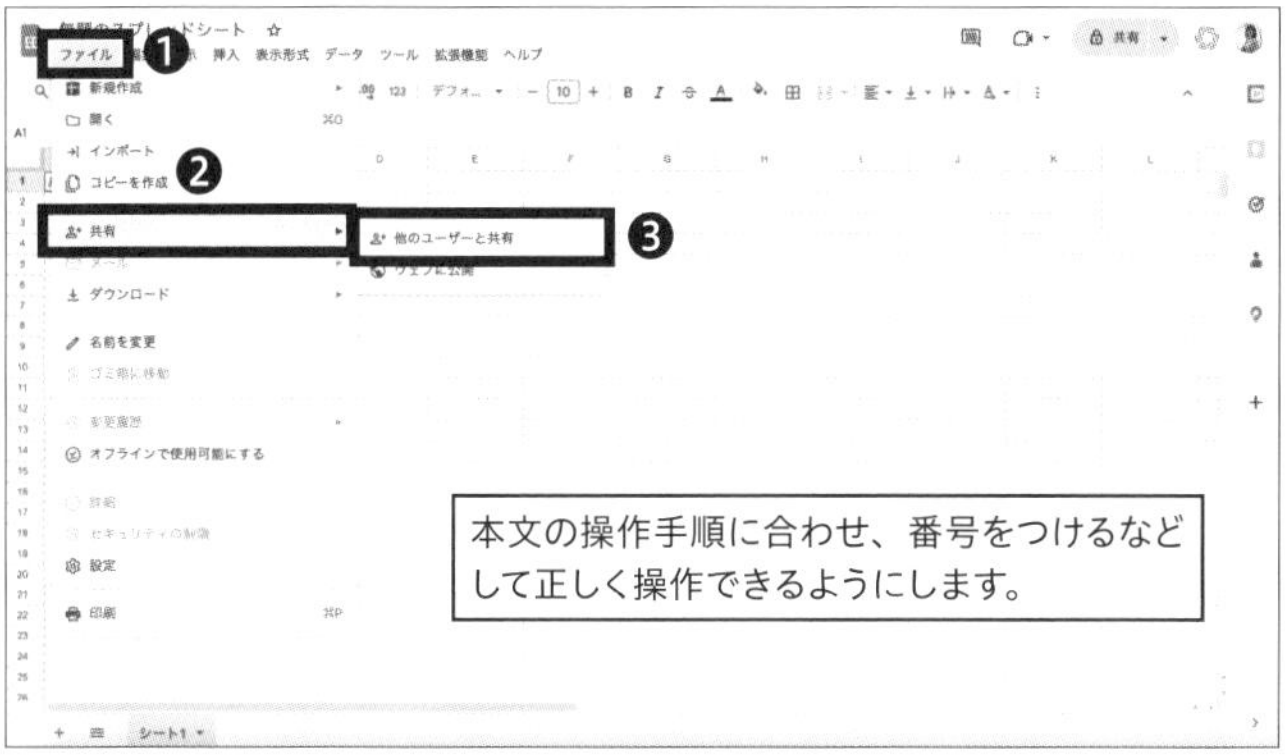

図や写真を使用する場合は、解像度にも気をつけてください。あまりにぼやけた写真だと、本になった際に何が写っているのかわからなくなります。

公的な文書の書きかた見本をつくるとき

本の企画によっては、国などの公的機関に提出する書類の書きかたを解説するケースもありま

公的書類の書き方見本の例

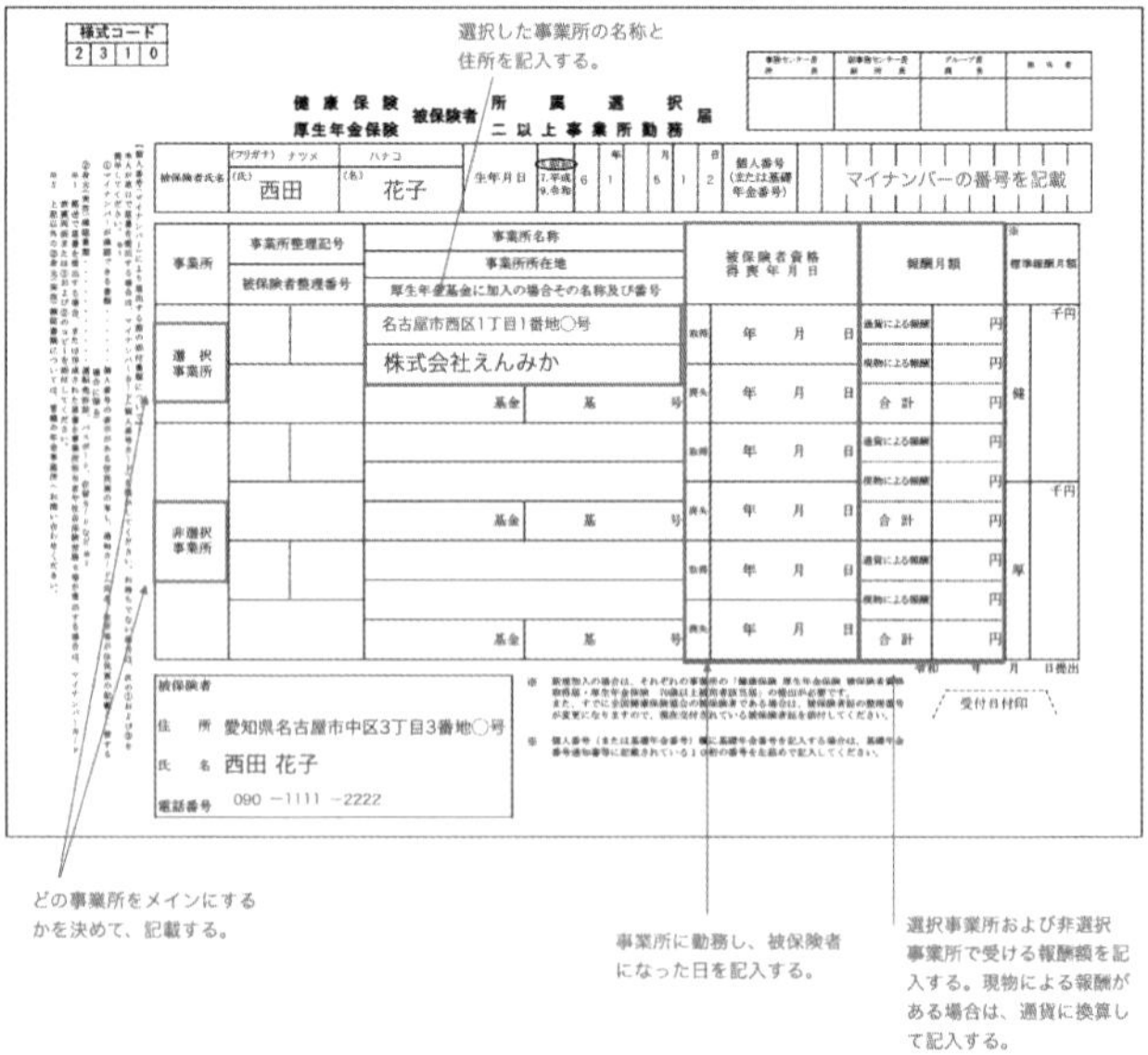

す。書類の記入例を図として掲載しなければならないときは、何も書かれていない書類データと記入見本のデータの両方を用意してください。

やりかたはそれほど難しくありません。まずは、行政のホームページなどから必要な書類データをダウンロードしておき、該当する図番号の名前に付け替えておきます。これで、デザイナーの作業用の図が用意できたことになります。

次に、書類の例を、前項の説明と同じくスライドソフトなどを使用して加工していってください。

写真はプロに頼むべき？

写真が必要になる人もいるでしょう。レシピ本は言うまでもありませんが、美容に関する本や歩きかたの本、運動の本、写真の撮りかたの本など、写真が求められる本はいろいろあります。

さて、この写真はいったい誰に依頼すればいいでしょうか。写真の腕に自信のある人は、自分で撮影すればいいやと思われるかもしれませんが、基本的にはプロに依頼するようにしてください。特に食べ物やクラフト系の本は、写真の美しさが重要です。「美味しそう」「つくってみたい」と思わせるような写真でなければ、本を手に取ってもらえませんので、ここはこだわりたいところです。とはいえ、カメラマンなら誰でもいいわけではありません。同じカメラマンでも専門分野や得意分野がありますので、自分の企画に相応しい人を選んでください。

06

生成ＡＩは使ってもいい？

そのまま使うと深みがなくなるＡＩ

昨今、ＣｈａｔＧＰＴなどのＡＩツールを使って文章を生成する人が増えています。瞬時に文章をつくってくれるので大変便利ですが、ＡＩが生成した文章をそのまま使うことは、まったくおすすめできません。ＡＩに頼りすぎると、誰が書いても変わらない本になってしまう恐れがあるからです。

ＡＩは、事実や一般論を羅列することは得意ですが、そこに人間らしい温かみや経験に基づく気付きを加えることは苦手とされています。例えば先ほど説明した図番号の付けかたについてもそうです。図番号の付けかたや、なぜそのように番号をつけなければならないか、つけなかったらどうなるかについては生成できますが、過去の本

づくりで発生してしまった失敗の体験から、具体的にどうすべきかを経験談を踏まえながら説明することはできないのです。実際にどんな苦労があり、どう乗り越えたのかという具体的な体験があるからこそ、読者の心に届くというもの。「生きた経験」が欠けたままの文章をいくら見せられても、正直何もおもしろくありません。

さらに、ＡＩは同じような表現やフレーズを繰り返し使用する傾向があります。「重要です」「大切です」「ポイントです」といった言葉が何度も出てくるので、文章が単調です。文章をうまくつなげたり、読みやすく書き換えたりすることはできるかもしれませんが、それをしても結局は中が空っぽのものをコーティングしているだけにすぎません。経験やそこから生まれた知恵、著者自身の熱がこもった言葉を読者は待っています。

使いかた次第でいい相棒になる

とはいえ、ＡＩを活用すること自体を否定しているわけではありません。ＡＩが原稿作成の強力な助けになることは私たち自身も実感しているからです。重要なのは、

ＡＩをどう使うかということ。ＡＩに本の原稿を全部書かせてしまおうという発想はいただけませんが、アイデア出しなどには十分活用できます。

例えば、こんな使いかたです。

・自分の書いた原稿をＡＩに読み込ませ、改善点を指摘してもらう
・文章執筆する前に、プロットのアイデアを読み込ませ、ＡＩがどんな文章を生成するかを見て、発想のヒントをもらう

ただ、これまで様々な執筆をＡＩにサポートしてもらっていますが、結論をお伝えすると「結局、自分で書いたほうがいい」です。ＡＩは進化も早いので、もしかしたら近い未来には人の心を揺さぶる素晴らしい文章を書いてくれるようになるかもしれませんが、まだ先のことになりそうです。

ＡＩの文章をライターにリライトしてもらうときの注意

ＡＩが登場したことで、「ＡＩが書いた文章があるからリライトしてください」と言う人が増えてきました。ここでは、著者がＡＩで生成したものをライターに渡すだけでいい本は完成するのかという点についてお伝えしたいと思います。

私は少なくとも現時点ではＡＩが生成した素材だけを頼りに本を書いたことがありませんが、先ほどお伝えしたとおり結局問題になるのは、中身のある情報になっているかどうかです。ＡＩは大量に情報を吐き出してくれますが、どれだけたくさんの情報を寄せ集めたとしても、所詮は機械的に生成されたもので、中には間違いも多く存在します。そのような状態で、ライターに情報を渡したところで、いいものができるはずがありません。ＡＩで生成したものを渡すなら、一般的にいわれている情報など、あなたでなくてもいい情報に関するものだけにしておきましょう。

読者の心を動かすことができるのは、あなただけです。ライターはあなたの持っている価値を最大限に引き出し、読者の心に響く形として文章にするだけ。あなたの価値が、ＡＩに置きかわることは決してないのです。

07 まえがきとあとがきの書きかたは？

まえがきの内容次第で、本の運命が決まる

本の原稿は、大きく三つのつくりでできています。「本文」「前付け」「後付け」です。簡単に説明しますが、「前付け」は目次やまえがき、本の注意書きなどを含んだもの。「後付け」はあとがきや索引ページ、奥付けなどを含んだページのことです。「前付け」「後付け」のうち、著者が必ず用意するのは、「まえがき」と「あとがき」です。

特にまえがきは、本を手に取った読者が最初に目を通すところですから重要なパートです。まえがきを読んでから購入を決める人も珍しくありませんから、まえがきが

本の売れ行きを左右するといっても過言ではありません。

さて、それほど重要なまえがきは、一体どんなことを書けばいいでしょうか。まえがきに入れておきたい内容は、大きく三つあります。まず、この本を書いている自分が誰かということ。次になぜこの本を書くことになったか、この本を書く動機やきっかけ、この本を読むことで読者はどうなれるかです。

自分について説明するところでは、自分がどのような立場なのかを示した上で、自分がその企画について語れる理由を書いていきます。具体的には、どういった悩みを抱えた人を何人くらいサポートしてきたのか、といったことです。ここで読者の抱えている悩みに寄り添うことができれば、読者の方も「この著者の話を聞いてみよう」と思ってくれます。ですから、自分がどれだけすごいかという自慢話ではなく、自分は読者にとって一番の味方であるということが伝わるように書くことをおすすめします。

また、この本を読むことで読後にどうなれるかも必ず書いておきましょう。読者は本が読みたいのではなく、本を読んだ先に待っているすてきな未来を期待して本を購入しますので、早く本が読みたくなるようなワクワクする未来を提示してあげましょう。

あとがきでは、きちんと感謝を伝えよう

あとがきは、基本的に謝辞が中心となります。ここまで読んでくれた読者に感謝しましょう。また、「本書で提案した内容を実践された方は、ぜひその結果を私にお知らせください」や「本書で不明な点があれば、いつでもご相談ください」と書いておくと、読者との距離が縮まります。

読者に対しお礼を述べたら、最後に、編集者やライターなど、表に出ない方々への感謝も忘れずにしておきたいものです。謝辞を述べないからといって何かあるわけではありませんが、ここでしっかりお礼を伝えておくと、喜んでもらえます。次に何かあったとき、気持ちよく協力してもらうためにも忘れずに伝えましょう。

まえがきやあとがきは、いつ書く？

まえがきやあとがきは、締め切りまでに用意できていれば、いつ書いていただいても構いません。中には、最初に書いて自分のモチベーションを高めたほうがいいという人もいます。

ただ、書き始めは誰でも気合いが入っているものですから、執筆に対するモチベーションが下がりはじめる頃に書くのもおすすめです。本の執筆は、想像以上に孤独で長い道のりですし、筆が進まずにただただ時間が過ぎるだけのときもあります。そんなときこそ、気分転換にまえがきやあとがきを書くのです。

まえがきは「はじめに」、あとがきは「おわりに」とタイトルをつけられることもあります。これらを書いていくと、出版が決まった瞬間の嬉しさや原稿執筆前のワクワク感を思い出すことができるはず。原点に立ち返るためにも、ぜひ試してみてください。

Chapter 06

推敲と校正、本が出るまで

01

書いた原稿を推敲しよう

文章は3日寝かせてから読んでみる

書き上げた原稿は、すぐに見直すのではなく、一度時間を置いてから読み返すことをおすすめします。最低でも3日ほどは間を空けてから読み返すのがちょうどいいでしょう。なぜかというと、書いた直後は自分の頭の中に書こうとした内容が残っているため、客観的に読むことができないからです。

「これは読者にとってわかりにくいかもしれない」「この説明よりももっといい伝えかたがあるかも」といった視点で確認したいところですが、書き終えた直後は自分の中で内容が完結してしまっているため、そのような判断が難しくなります。むしろ、書いた本人だからこそ、不足している説明に気づけなかったり、読者目線での確認ができなかったりするのです。

また、原稿を書いている最中は夢中になっているため、誤字脱字にも気づきにくい状態です。キーボードで入力している最中に変換ミスや入力ミスがあっても、頭の中では正しく認識してしまうため、その場では気づけないことが多々あります。そんなおっちょこちょいなミスを発見するためにも、ある程度時間が必要なのです。

きっちり3日でなくても構いませんが、原稿から完全に離れ、頭を空っぽにできたと思ったら、あらためて書いた原稿を読み直してみてください。自分でも「こんなにわけのわからないことを書いていたのか」と驚くような発見があるはずです。あらためて読んでみると、「この説明では足りない」「ここはもっと丁寧に書かなければ」といった気づきもあることでしょう。

締切に追われて、書き上げてすぐに提出というのは避けたいものです。じっくりと寝かせ、客観的な目で読み返し、よりよい原稿に仕上げてください。

縦書きや横書きで読んでみると、新たな発見がある

原稿を推敲する際、同じ原稿でも見方を変えれば新たな気づきが得られます。効果的なのが、横書きで書いた原稿を縦書きに変換して読んでみる方法です。

私たちは普段、パソコンで原稿を書くことが多いため、自然と横書きでの執筆が中心になります。しかし、本として出版される際は縦書きになることも多いですから、実際の本のレイアウトに近い形で確認しておくことが大切です。

また、パソコンの画面上での確認も大切ですが、紙に印刷することで、より実際の本に近い形でチェックすることができます。横書きあるいは縦書きで読むことで、不自然な改行や、長すぎる文章にも気づきやすくなります。横書きでは気にならなかった文の流れも、縦書きにすると違和感が出てくることがあるからです。

さらに、縦書きと横書きの両方でチェックすることで、誤字脱字の発見にも効果があります。見慣れた形式で読むと見落としがちな誤りも、異なる形式で読むことで新

鮮な感覚で確認することができます。

文章は読みやすくなっているか

いくらいい内容であっても、読みにくい文章では読者に伝わりません。実際に声に出したりして、読者になったつもりで読んでみてください。

特に確認しておきたいのは、一文の長さです。一文が長すぎると、読者は途中でわからなくなりますので、二文、三文とわけられるなら、わけたほうが無難です。次に、文章のリズムがいいかも確認しておきましょう。同じような文末表現が続いていないか、「です・ます調」と「である調」が混在していないかをチェックしましょう。また、「について」「において」「に関して」といった複合助詞の使いかたも気をつけたいところ。これらが多用されると文章が重くなり、読みづらくなってしまいます。

段落の構成も重要です。一つの段落が長すぎると、読者は疲れてしまいますので、適度な長さで段落を区切り、見出しをつけるなどして読みやすくできないか工夫してみてください。

何度かお伝えしてきましたが、専門用語の使いかたにも注意が必要です。読者層に合わせ、適切に表現できているか確認します。業界の専門家なら当たり前だと思っている言葉でも、読者にとっては「知らないことだらけ」なのです。必要に応じて、用語解説や補足説明を入れることも検討しましょう。

誤解されるような表現はないか

一度SNS上で拡散されてしまったものは、元に戻すことができません。事態を収拾するのもひと苦労です。あなた自身の身を守るためにも、というわけではありませんが、差別表現や誤解を招くような表現がないかどうかはよく確認しておいてください。言葉や表現は時代とともに変化するものですから、自分自身の感覚もアップデートさせなければなりません。もちろんこの点については、編集者もしっかり確認してくれているはずですが、本はあなたの名前で世に出ます。

書かれている内容に責任が持てるかどうかという視点で、厳しくチェックしてください。

著作権などに抵触していないか

原稿の中で、他者の著作物を引用する際は、著作権に十分な注意を払う必要があります。安易に引用や転載を行うと、後々大きなトラブルになりかねません。

まず、引用のルールを確認しましょう。

引用する場合は、出典を明記する必要があります。著者名、書籍名（または論文名）、出版社、発行年などの情報を正確に記載します。また、引用は必要最小限にとどめ、自分の文章が主体となるようにしましょう。引用が多すぎると、著作権侵害とみなされる可能性があります。

Web上の情報を引用する場合も同様です。ブログやSNSの投稿も著作権の対象となりますので注意します。トラブルを避けるなら、はじめから使わないと決めるのが一番安心ですが、どうしても引用したい場合は、許諾を得るようにしましょう。

また、商標権や肖像権にも気をつける必要があります。企業名や商品名を使用する際は、その表記が正確か、商標権を侵害していないか確認します。また、特定の人物について言及する場合は、プライバシーの侵害や名誉毀損にならないよう配慮が必要です。引用や参考文献の扱いについては、編集者に確認することをおすすめします。

また著作権に関しても、必ず編集者に相談するようにしましょう。勝手な判断は事故の元です。

02

原稿を納品しよう

本文はテキストデータにして提出する

書き終えた原稿は、どのように編集者に送ればいいでしょうか。

まず、本文はテキストデータにして、すべての章を一つのフォルダにまとめておきましょう。例えば私たちは、ＧｏｏｇｌｅドキュメントやＷｏｒｄでテキストを作成し、最後に一つにまとめます。ＧｏｏｇｌｅドキュメントやＷｏｒｄデータのまま送ってもいいですが、作業環境やバージョンの違いなどによってうまく変換されないケースがありますので、そうした影響を受けないテキストデータで送るのが安心です。

編集者によっては書式を指示されるケースもあります。その場合は、指示にしたがってください。

図と本文のフォルダ構成はどうすればいい？

図を作成する際の注意事項はすでにお伝えしましたが、提出する際はどうすればいいでしょうか。下の図は、本の原稿データの保存フォルダです。

本文のフォルダと図のフォルダをそれぞれつくり、本文のフォルダには全章をまとめたテキストデータを保存します。

本の原稿データの保存フォルダのつくりかた

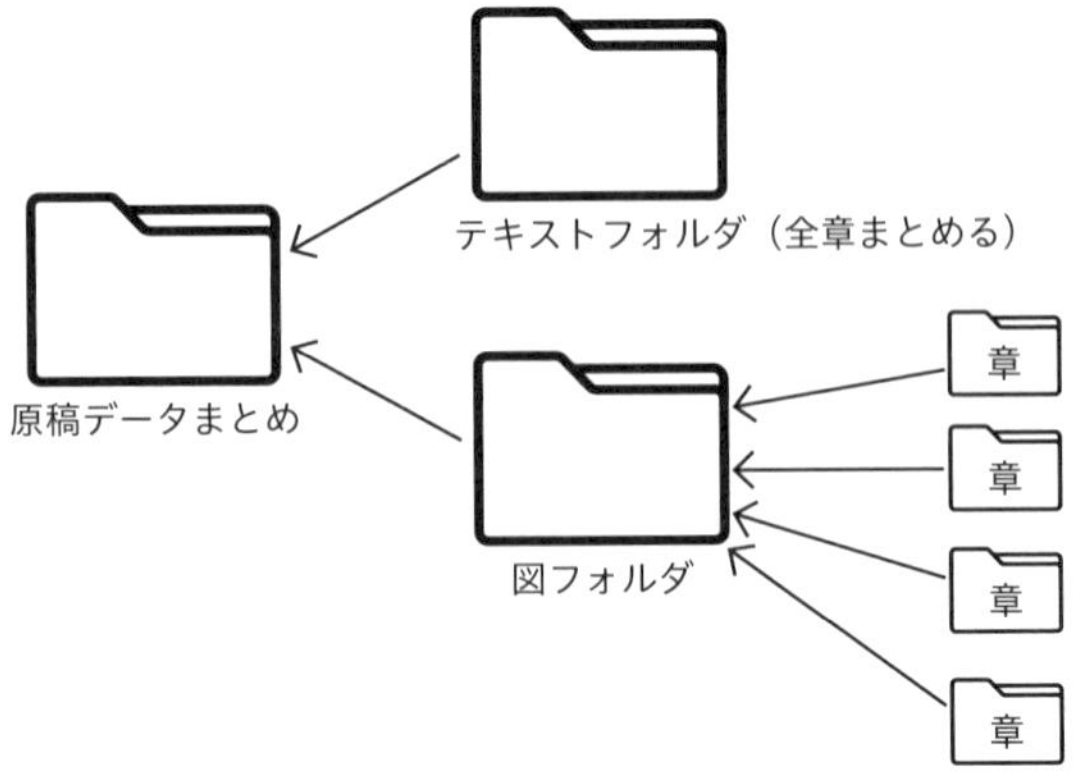

03

校正でやることと心構えについて

校正は最低3回行われる

本の出版において、校正は非常に重要な工程です。2章でもお伝えしたとおり、校正は本が世に出る前の最後の砦です。通常、校正は最低でも3回行われ、「初校」「二校（再校）」「三校（再再校）」などといいます。

校正の段階では、あなたが書いた原稿と図が本の形になり、戻ってきます。業界用語で「ゲラ」といいますが、初校では、ゲラの状態で原稿全体を確認していきます（ゲラチェックということもあります）。初校では、誤字脱字や文章の不備はもちろんですが、内容の過不足や論理展開にも気を配りつつチェックしてください。また、図表の配置やわかりやすさは大丈夫か、参照元のデータは正しいか、本に掲載した情報が古くなっていないか、目次や他の章との整合性は取れているかなども重要なチェックポイントです。

ゲラは最低3回は読んでください。1回目は声に出して読み、文章のリズムの悪さや内容のわかりにくさを発見します。2回目は、文章の流れは意識せず、文字一つひとつを追いかけながら、文章の誤りがないか確認します。3回目は、1回目と2回目で修正した内容を反映しながら、見落としがないかを確認します。

二校では、初校での修正が正しく反映されているかを確認するのが主な目的です。ただし、初校で見落としていた誤りを発見することも少なくありません。ミスを見つけたら、遠慮せず確実に修正してください。

三校は最終確認となります。印刷に入る直前の段階ですので、細かな修正以外は避けたいところです。ここで大きな修正が入ると、スケジュールに支障が出るだけでなく、新たなミスを生む原因にもなりかねません。三校では、これまでの修正が正確に反映されているかの確認と、最終的な体裁のチェックが中心となります。

校正の回数は最低3回と説明しましたが、万が一、三校でもミスが発生した場合は、四校、五校と続くこともあります。

正直、校正作業には終わりがありません。何度読み返しても、「よし、これで完璧だ！」とならない気がするからです。自分の中で納得したにもかかわらず、ゲラが戻って来るたびに気が変わり、修正したくなってしまうのです。しかし、締切に間に合わせるためには、どこかで「これでよし」と決断しなければなりません。

また、前のゲラで指摘した修正箇所がわかるようにしておくことも大切です。「ここを直したはずなのに、まだ直っていない」といった修正漏れを確実に見つけるためにも、提出したゲラは手元においておきましょう。

チェックが甘いとレビューが荒れる

校正時のチェックが不十分だと、本が発売された後に思わぬ形でその影響が現れます。特に近年は、Ａｍａｚｏｎなどの読者レビューで厳しい評価を受けることが少なくありません。読者は本に対してとても誠実です。お金を払って購入し、時間を使って読んでくれるわけですから、内容の正確性や品質に対して厳しい目を持っているのは当然のことです。誤字脱字が多い、事実誤認がある、データの出典が不明確、図表の説明が不十分、内容に矛盾があるといったことがあると、すぐさま指摘されてしまいます。

これらの問題は、丁寧なチェックを行えば防げるものばかりです。しかし、一度出版されてしまうと取り返しがつきません。発売後に誤りが見つかった場合は、訂正を出すことは可能ですが、すでに世に出てしまったものを取り戻すことはまず不可能だと考えてください。

一度ネガティブなレビューが付いてしまうと、その評価は半永久的にインターネット上に残り続けることになります。これは著者の信頼性にも関わる重要な問題です。次の本を出版する際にも、この評価が影響を及ぼすかもしれません。校正作業は地道で時間のかかる作業ですが、軽視するとあとになって後悔することになりかねません。

校正作業において、内容の正確性を最終的に判断できるのは著者だけです。当然、誤字脱字などにも注意しながら校正を進めていただきたいですが、著者が最も真剣に取り組むべきポイントは、本の内容そのものについてです。
例えば、記載されている数字は正確か、グラフや図の表現が適切か、法律が変わってしまっていないかなど、しつこいくらい確認しましょう。

校正ゲラにはどうやって書けばいいか

校正ゲラに修正を書き込む際は、一定のルールに従う必要があります。これは、作業に関わるすべての人が修正内容を正確に理解できるようにするためです。校正記号を始めとする校正ルールについて、著者は必須ではありませんが、ライターは知っておきましょう。

ここでは、校正ゲラへの書き込みかたについて、具体的に説明していきます。

まず基本的なルールとして、修正箇所は赤ペンで記入します。赤ペンを使うのは、修正箇所が一目でわかるようにするためです。修正の指示は、一般的な校正記号を使用します。例えば、文字を削除する場合は該当箇所に「ー」を付け、文字を挿入する場合は「V」を使用します。これらの記号は、出版に関わるすべての人が共通して理解できる約束事です。

修正内容は、できるだけ明確に記入します。特に漢字の修正では、似たような字形も多いため、はっきりと書いてください。また、修正が複雑な場合は、余白に詳しい説明を書き添えることもあります。ただし、余白に書く説明は簡潔にまとめ、矢印などで修正箇所との関係を明確にしておきましょう。

大きな内容の修正が必要な場合は、該当箇所を明確に示した上で、改めてパソコンでテキストを入力し、電子データとして送ると親切です。別紙に修正内容を記載するのもいいですが、一字一句を読み解きながら編集者やデザイナーが入力しなければなりません。入力する際にミスが発生することもありますので、テキストデータにしておくのを強くおすすめします。

04

著者プロフィールと特典ページの書きかた

著者プロフィールはどのように書くのが正解か？

著者プロフィールは、読者があなたのことを知る重要な情報源です。読者の多くは、本を通じて初めてあなたのことを知ります。ですから、あなたがどのような経歴の持ち主で、なぜこの本を書くことになったかが伝わるようなプロフィールにします。

著者プロフィールは、ただ経歴を羅列するだけでは、魅力的なものにはなりません。その分野での実績や経験を中心に紹介し、読者の「読んでみたい」という気持ちが引き出せるようにします。

プロフィールの構成は、次のような要素で組み立てていきます。

・現在の肩書き
・本の内容に関連するような経歴や実績
・関連する資格や受賞歴
・執筆や講演活動の実績
・SNSやブログなどの情報（必要な場合）

要素を書き出したら、これらをただ箇条書きにするのではなく、文章としてつないでいきます。経歴だけでなく、なぜその道を選んだのか、どんな思いで活動しているのかといった、あなたの人となりが伝わるようなエピソードもあれば、よりいいでしょう。

読者特典をつけるときのページのつくりかた

本の中には、読者特典がついているものがあります。読者特典は、本の価値をより高めてくれるだけでなく、読者と継続的に関係を築くことができます。特典をつけるかどうかは出版社の判断によりますが、もし可能ならぜひ用意してみましょう。

特典の説明は、できるだけ具体的に書くことが重要です。「便利な特典をご用意しました」といった曖昧な表現ではなく、「本書の内容を実践するためのワークシート」「読者限定の動画コンテンツ」などと、特典の中身がイメージできる説明を心がけましょう。

特典の受け取り方法も、できるだけシンプルに設計しておきます。例えば、ＱＲコードを読み取るだけ、特定のＵＲＬにアクセスするだけなど、読者に手間をかけさせないようにします。気をつけたいのは、特典の提供期間です。「期間限定」として焦らせるような手法は、かえって読者の反感を買う可能性がありますし、せっかく本を購入しても特典がもらえない読者が出てきてしまいます。本は発売から時間が経って購入する読者もいますので、長期的に提供できる特典を用意することをおすすめします。動画コンテンツやＰＤＦの配信では、サーバーの維持管理も必要になります。自分で継続的に提供できる特典なのか、事前によく検討することが大切です。

05 本のタイトルと表紙は、いつ、誰が決める？

本のタイトルは決められない？

多くの著者は、企画段階から「こんなタイトルにしたい」というイメージを持っているものです。しかし、実は本のタイトルは著者が決めるものではありません。これは初めて本を出版する著者にとって、意外に感じる点かもしれません。

本のタイトルを決定するのは出版社です。なぜなら、タイトルは本の「顔」であり、売れ行きを大きく左右する重要な要素だからです。出版社には、どのようなタイトルが読者の関心を引くのか、どのような言葉が売り上げにつながるのかといった、長年の経験とデータの蓄積があります。

もちろん、著者の意見が全く反映されないというわけではありません。編集者との打ち合わせの中で、タイトルについての希望を伝えることはできます。ただし、最終的な決定権は出版社にあることを理解してください。

ちなみに、企画書に記載されているタイトルは仮タイトルです。これは最終的なタイトルではありませんので注意しましょう。

タイトルと表紙は、いつわかる？

本のタイトルと表紙デザインは、入稿の直前になってから決まることが多いものです。これは、原稿の内容が固まってから最適なタイトルと表紙を検討するためです。タイミングとしては、通常、原稿の校正作業が大詰めを迎える頃から、タイトルや表紙の検討が本格的に始まります。出版社内で様々な案を出し合い、検討を重ねていきます。複数の表紙案がつくられ、その中から最終的なデザインが選ばれます。

自分なりに販促の準備をしたい人にとっては、「早く決まってほしい」とヤキモキするでしょう。著者としては、少しもどかしく感じるかもしれませんが、一番いいタイトルと表紙が出来上がるのを楽しみに待つようにしてください。

06

SNSの発信は、どこまで許される？

執筆のことは伝えても、内容は見せない

本の執筆過程をSNSで発信することは、読者との関係づくりという意味で有効な手段です。ただし、発信の仕方には十分な注意が必要です。ここでは、SNS発信時の注意点について説明していきます。

基本的に、執筆していることや、その過程での頑張りを伝えること自体は問題ありません。例えば「今日も原稿を書いています」「校正作業が進んでいます」といった一般的な進捗報告は、むしろ読者の興味を引くポジティブな情報となります。

しかし、本の具体的な内容や、表紙デザインなどについては、出版社からの許可が出るまでは公開を控えましょう。

おわりに

本書を最後まで読んでいただき、ありがとうございます。

はじめてのブックライティングについて、イメージしていただくことはできたでしょうか。実際に手を動かしてみると、想像よりもうまくいかないことはよくあります。そんな時は、再び本書を手に取っていただけたら幸いです。

実は本書は、最初にお話をいただいてからここまで随分と時間がかかってしまいました。自分の中にあるコンテンツをまとめ、一冊の本としてまとめあげることの難しさを痛感すると同時に、一緒にお仕事をさせていただいてきた著者の皆さんが、いかに素晴らしい方々だったか、改めて実感しました。

この出版という貴重な経験を糧に、新しいことにもチャレンジしつつ、より良い本づくりのために奮闘していきたいと考えています。

「本を書きたい」というのは、かねてより私たちの夢でした。ブックライターとして夢を叶え、夢中になっていたところにいただいた出版のお話。まさか自分たちの本を書くことになるとは思ってもいませんでした。打ち明けると、この「おわりに」を書き始め、ようやく実感がわいてきたところです。本書には、初めて本を書く人に無事に書き終えてもらうには何を伝えればいいか、どうすれば長い執筆期間を楽しく過ごすことができるか等、私たちが何度も打ち合わせを重ね、まとめあげたものを詰め込みました。本書が、一人でも多くの未来の著者のガイドブックとなればこれ以上の喜びはありません。

また今回の出版には、多くの方のお力添えをいただきました。

出版の機会をくださったつた書房様、有限会社ケイズプロダクションの山田稔様。様々な角度からコンテンツのアドバイスをくださった株式会社モッティの望月こうせい様。うじうじしている私たちをここまでご指導くださりありがとうございます。

それから、私たちの家族にもお礼を伝えたいと思います。本書に限らず執筆に集中している最中は、本当に何もできない日があります。家族のサポートがなければ、ここまで仕事を続けてくることはできなかったでしょう。これからもどうぞよろしくお願いします。

２０２５年3月吉日

西田 かおり

遠藤 美華

著者紹介

西田 かおり（にしだ かおり）

株式会社カワラバン代表取締役/
書籍編集ライター

トヨタ自動車株式会社を経てライターに。フリーランスとしてWeb、書籍、社内報などの執筆を手がけた後、法人化。コンテンツ企画・コピーワーク・ライティングを軸に、企業のブランディングからマーケティングまで幅広く支援する。顧客インサイトを重ね合わせたコンテンツ制作を得意とし、これまで大手企業から中小企業まで多業種のコンテンツ制作やメディア立ち上げに関わりクライアントの課題解決に貢献する。また、ビジネス書籍の編集ライターとしても活動中。これらの経験を基に、商工会議所や企業等で講演活動も行っている。

HP：https://kawaraban.ltd/
X：@kaorinishida_t

遠藤 美華（えんどう みか）

ライター /ブックライター
北海道札幌市在住。東京都新宿区出身。
結婚を機に、東京から札幌へ転居。

子育てが落ち着いた2014年からライターに。ブログやSNSを使いウェブで集客して受注するスタイルで、取材に基づいて人物のストーリーを執筆し、個人事業主や小規模事業者などのブランディングを図るプロフィールライターとして活動を開始。手がけた案件は、まもなく600件を超える。
2021年からブックライターに。現在まで進行中のものを含め、12冊の執筆実績がある。
2022年から網走市史、秩父別町史などの市町村史の執筆者として参画する。

講師実績は、もっと稼げるライターにステップアップする方法（オンライン）、プロフィール作成講座（札幌・東京・兵庫・愛知・オンライン）、読まれる文章の書き方講座（札幌・東京）、ブログ勉強会（札幌）、自分史作成講座（札幌）など。

ライター遠藤美華の公式サイト：https://endomika.com

編集協力：山田 稔
デザイナー：小林 麻美
校　　正：箱山 康子

はじめてでも書ける！ブックライティング実践講座
～企画・執筆・出版を成功させる最短ルート～

2025年4月1日　初版第一刷発行

著　者　西田 かおり　遠藤 美華
発行者　宮下 晴樹
発　行　つた書房株式会社
〒101-0025　東京都千代田区神田佐久間町3-21-5　ヒガシカンダビル3F
TEL. 03（6868）4254
発　売　株式会社三省堂書店/創英社
〒101-0051　東京都千代田区神田神保町1-1
TEL. 03（3291）2295
印刷／製本　株式会社丸井工文社

ISBN978-4-905084-92-1